ERDEERDABSATZ**ERDABTRAGUNG**ERDACHSE**ERDALKALIEN**ERDAPFEL**ERDAUFWURF**ERDBAHN**ERD**
BALLERDBEBEN**ERDBEERE**ERDBEFESTIGUNG**ERDBESCHLEUNIGUNG**ERDBESTATTUNG**ERD**
BEVÖLKERUNGERDBEWEGUNG**ERDBIRNE**ERDBLÜTE**ERDBODEN**ERDBOHRER**ERDE**ERDEN
BÜRGER**ERDENFREUDEN**ERDENGÜTER**ERDENLEBEN**ERDENRUND**ERDENTAGE**ERDENTSTEH
UNGSLEHRE**ERDENTWICKLUNGSGESCHICHTE**ERDFALL**ERDFARBE**ERDFERKEL**ERDFERNE**ERD
FLIESSEN**ERDFLOH**ERDGAS**ERDGEBUNDEN**ERDGEIST**ERDGESCHICHTE**ERDGESCHOSS**ERD**
GLETSCHERERDHAFT**ERDHAUS**ERDHÜGEL**ERDINNERES**ERDKERN**ERDKÖRNER**ERDKREIS**ERD**
KRUSTEERDKUGEL**ERDKUNDE**ERDLÄNGENKREIS**ERDLEBENSRAUM**ERDMAGNETISMUS**ERD**
MÄNNCHENERDMESSER**ERDNAHT**ERDNUSS**ERDOBERFLÄCHE**ERDÖL**ERDÖLKRISE**ERDÖL
LÄNDER**ERDÖLPRODUKTE**ERDÖLSCHIFF**ERDPECH**ERDPYRAMIDE**ERDRADIUS**ERDRAUMTYP
ERDREICHERDROTATION**ERDRUTSCH**ERDSATELLIT**ERDSCHICHT**ERDSCHLIPF**ERDSCHLUSS**ERD
SCHOLLE**ERDSICHT**ERDSPALTE**ERDSTOSS**ERDSTRICH**ERDSTROM**ERDSTUFE**ERDTEIL**ERDTRA
BANT**ERDWALL**ERDWÄRME**ERDWARTE**ERDWELLE**ERDWISSENSCHAFT**ERDZEITALTER**AUSSER**
IRDISCHIRDISCH**ÜBERIRDISCH**UNIRDISCH**DEM**ERDBODEN**GLEICHMACHEN**SICH**IN**DIE**ERDE**
VERKRIECHEN**UNTER**DIE**ERDE**BRINGEN

DAS BLINZELN DER ERDFRAU

Es sei ein ehrfurchtgebietender und
demütig machender Gedanke,
sagte Chacko
(»demütig« ist ein nettes Wort, dachte Rahel,
»demütig und ohne Sorgen in der Welt«),
die gesamte zeitgenössische Geschichte,
die Weltkriege,
der Krieg der Träume,
der Mensch auf dem Mond,
Wissenschaft,
Literatur,
Philosophie,
das Streben nach Wissen seien nichts weiter als
ein Blinzeln der Erdfrau.

Herausgegeben von Andreas Simmen
und Barbara Willi-Halter

Rotpunktverlag.
◂helvetas▸

Erde-Steckbrief

Alter:	4 500 000 000 Jahre
Volumen:	1 083 207 000 000 m^3
Mittlere Dichte:	5,515 g/cm^3
Gewicht:	5 974 000 000 000 000 000 000 Tonnen
Umfang Pol:	40 009,15 km
Umfang Äquator:	40 076,6 km
Durchmesser Pol:	12 712 km
Durchmesser Äquator:	12 756 km
Oberfläche:	510 065 600 km^2
Anteil Meer:	70,8 %
Wasservorkommen:	1 458 703 000 km^3
Süßwasser:	28 380 200 km^3
Tiefster Punkt:	10 924 m unter Meer
Höchster Punkt:	8850 m über Meer

DIE SCHÖPFUNG

Eduardo Galeano

Mann und Frau träumten, Gott träume von ihnen.
Gott träumte von ihnen, während er sang und in Tabaksqualm gehüllt seine Maracas schüttelte und glücklich, aber auch von Zweifeln und Geheimnissen erschüttert war.
Die Makiritare-Indianer wissen, wenn Gott vom Essen träumt, befruchtet und ernährt er. Wenn Gott vom Leben träumt, wird er geboren und gebiert.
Frau und Mann träumten, in Gottes Traum käme ein großes schimmerndes Ei vor. In dem Ei sängen sie und tanzten sie und machten viel Aufruhr, so versessen waren sie darauf, geboren zu werden. Sie träumten, in Gottes Traum sei die Freude stärker als Zweifel und Geheimnisse, und Gott erschaffe sie im Traum und sänge:
– Ich schlage dieses Ei auf, und es wird die Frau und es wird der Mann geboren. Und zusammen werden sie leben und sterben. Aber sie werden neu geboren. Und nach ihrer Wiedergeburt werden sie von neuem sterben und von neuem geboren werden. Und immer wieder kommt es zu ihrer Wiedergeburt, denn der Tod ist eine Lüge.

DIE ZEIT

Als die Zeit der Mayas entstand und einen Namen bekam, gab es den Himmel noch nicht, und die Erde war noch nicht erwacht.
Die Tage brachen im Osten auf und machten sich auf den Weg.
Der erste Tag holte den Himmel und die Erde aus seinem Schoß.
Der zweite Tag erschuf die Leiter, auf der der Regen heruntersteigt.
Das Werk des dritten waren die Zyklen des Meeres und der Erde und die Vielfalt der Dinge.
Nach dem Willen des vierten Tages neigten Erde und Himmel sich einander zu und konnten sich begegnen.
Der fünfte Tag entschied, daß alles arbeiten sollte.
Aus dem sechsten ging das erste Licht hervor.
Der siebente Tag legte Erde an die Stellen, an denen nichts war.
Der achte krallte sich mit Händen und Füßen in die Erde.
Der neunte Tag erschuf die unteren Welten.

Der zehnte Tag wies die unteren Welten den Wesen zu, die Gift in der Seele haben.
Der elfte Tag formte im Inneren der Sonne den Stein und den Baum.
Dem zwölften ist der Wind zu verdanken. Der Wind wehte, und er nannte ihn Geist, weil es in ihm keinen Tod gab.
Der dreizehnte Tag durchnäßte die Erde und knetete aus Lehm einen Leib wie den unsrigen.
Dessen entsinnt man sich in Yucatán.

SONNE UND MOND

Die erste Sonne, die Wassersonne, wurde von der Flut hinweggeschwemmt. Alle Wesen, die auf der Erde weilten, wurden zu Fischen.
Die zweite Sonne wurde von den Tigern gefressen.
Die dritte wurde von einem Feuerregen versengt, der die Menschen verbrannte.
Die vierte Sonne, die Windsonne, wurde vom Gewitter ausgelöscht. Die Menschen verwandelten sich in Affen und verstreuten sich über die Wälder.
Nachdenklich versammelten sich die Götter in Teotihuacán.
– Wer übernimmt es, die Morgendämmerung zu bringen?
Der für seine Kraft und Schönheit berühmte Herr der Schnecken trat einen Schritt vor.
– Ich will die Sonne sein, sagte er. – Wer noch?
Stille. Alle sahen den Kleinen Syphilisgott an, den häßlichsten und unglücklichsten der Götter, und sie beschlossen:
– Du.
Der Herr der Schnecken und der Kleine Syphilisgott zogen sich auf die Berge, die heutigen Sonnen- und Mondpyramiden, zurück. Dort fasteten und grübelten sie.
Die Götter aber sammelten Brennholz, schichteten es zu einem riesigen Scheiterhaufen auf und riefen die beiden.
Der Kleine Syphilisgott nahm Anlauf und stürzte sich in die Flammen. Sogleich tauchte er als Glut am Himmel auf.
Der Herr der Schnecken blickte mit gerunzelter Stirn ins Feuer. Er lief vor, trippelte wieder zurück und blieb stehen. Er drehte ein paar Runden. Da er sich nicht durchringen

konnte, mußten die anderen ihn hineinstoßen. Mit großer Verspätung stieg er in den Himmel. Die Götter ohrfeigten ihn erbost. Ein ums andere Mal schlugen sie ihm ein Kaninchen um die Ohren, bis sein Glanz erlosch. So wurde der dünkelhafte Herr der Schnecken zum Mond. Und die damalige Züchtigung hat als Narben die Flecken auf dem Mond hinterlassen.
Aber die leuchtende Sonne bewegte sich noch nicht vom Fleck. Der Obsidiansperber flog zu dem Kleinen Syphilisgott und fragte ihn:
– Warum bewegst du dich nicht?
Und der Verachtete, der Eitrige, der Bucklige und Hinkende erwiderte:
– Weil ich Blut und Herrschaft will.
Diese fünfte Sonne, die Sonne der Bewegung, beschien die Tolteken und bescheint die Azteken. Sie hat Klauen und ernährt sich von Menschenherzen.

Eduardo Galeano, Uruguay, geb. 1940, lebt in Montevideo.

ER spannt den Norden aus über dem Leeren und hängt die Erde über das Nichts. *Hiob 26,7*

Beko aus dem Dorf Çaldiran, der mehrere Schafherden mit wunderschönen Glocken besessen hatte, war nun nur noch eine Herde übriggeblieben. Früher war er immer im Besitz von mindestens fünf, sechs Herden gewesen, und jede Herde hatte aus fünfhundert weißen und gescheckten Schafen bestanden. Die Ziegen aber betrachtete er nicht als seinen Besitz, er mochte sie nicht gerne. Da die Hirten jedoch für jede Schafherde zehn Ziegen brauchten, die die Schafe in der Hitze anführten, mußte Beko sie wohl oder übel dulden. Für ihn arbeiteten damals mindestens vierzig Leute. Wenn sich in der Mittagssonne alle Hirten mit ihren Herden versammelt hatten und im Schatten ruhten, erschien Bekos Besitz so riesig wie der eines staatlichen Gutes. Zur Mittagszeit erhielten alle Hirten und Gehilfen ihr Essen. In mehreren Zimmern des Hauses wurde Pilaw gegessen und verdünnter Joghurt getrunken. Beko setzte sich zu den erfahrenen alten Hirten, die sich mit Schafen besser auskannten als der Veterinär des Landkreises, um sich mit ihnen über seine Herden zu unterhalten. | **Der Bodenverlust** | Es wurde jedesmal für vierzig Leute Pilaw gekocht, | **durch »Versiegelung«** | aber mit wenig Schafbutter, was die Hirten | **(Verstädterung, Ausbau der Infrastruktur)** | immer sehr enttäuschte. | **beläuft sich zurzeit in den Niederlanden** | Untereinander sagten sie oft, dieser Pilaw sei so schlecht, | **auf ca. 360 000 m^2 pro Tag,** | daß man nicht einmal mehr erkenne, daß er aus Weizen gemacht sei. Um ihnen das Essen schmackhaft zu machen, fing Beko jeweils an, selber den Pilaw zu loben, wie schön, wohlschmeckend und reichlich seine Frau Aişe gekocht habe: »Greift zu, nirgends sonst wird so ein Pilaw gekocht!« Den Hirten und Helfern blieb nichts anderes übrig, als den ungebutterten Pilaw zu essen. Jedesmal, wenn Beko ein Zimmer betrat oder verließ, standen die jungen Hirten auf, verschränkten ihre Hände vor dem Bauch und erwiesen ihm so ihren Respekt.

Zu jener Zeit kamen auch Frauen aus den Nachbardörfern, um die Schafe zu melken. Diese Frauen erhielten als Lohn einen Eimer voll Milch, der aber nicht mehr als zwei Liter faßte. Wenn Bekos bauchiger Schatten nicht in der Nähe war, gab seine Frau Aişe diesen Frauen in ihren Kleidern mit den vielen verschiedenen Farben und tausend Mustern eineinhalb oder sogar zwei Eimer voll Milch. Die Frauen, die natürlich alle um diese Angewohnheit von Aişe wußten, hielten sich deshalb möglichst beschäftigt, bis Beko außer Sichtweite war. Nachdem sie ihre Milch bekommen hatten, machten sie sich auf den Weg nach Hause, miteinander scherzend und singend. Wenn sie in Begleitung ihrer Lieder zu Hause angekommen waren, hatte sich die Milch durch die Sonnenhitze erwärmt, und sie schüttelten sie in einem Gefäß aus gegerbter Ziegenhaut und entnahmen ihm dann die Butter. Die übrige Milch verarbeiteten sie zu Käse für den mit Sicherheit kommenden kalten Winter.

Als man begann, Traktoren und Landmaschinen aus dem Ausland zu importieren, zeigte Beko erst wenig Interesse dafür. Er wollte seine Felder weiter mit den Pferden bestellen, er liebte das | **in Deutschland auf 1 200 000 m²** | Wiehern der Pferde! Doch alle Großgrundbesitzer aus den Nachbardörfern erzählten ihm mit viel Eifer, wie nützlich die von Ungläubigen geschaffenen Teufelsdinger seien und daß sich Beko unbedingt solche beschaffen solle. Stundenlang erzählten sie ihm von der Schnelligkeit dieser Maschinen und wurden nicht müde, es zu wiederholen. Beko, der bislang mit seinen Herden und deren Hirten zufrieden gewesen war, hatte schließlich auch einen Traktor mit all den dazugehörenden Maschinen kommen lassen und so die Wünsche der anderen Großbauern und des Traktorverkäufers erfüllt. Von diesem Tag an wandte sich Beko immer mehr dem Ackerbau zu. | **und in Österreich auf 350 000 m² pro Tag.** | Seine Schafherden verkaufte er eine nach der anderen. Mit der Zeit entließ er auch die alten und erfahrenen Hirten, die ihr Leben lang nie ohne Arbeit gewesen waren. Sie hätten ja den roten Traktor nicht fahren können. Mit dem Geld, das ihm der Verkauf der Schafherden einbrachte, kaufte er in der Stadt Gold, Häuser und Läden. Er ließ von weit her Landarbeiter kommen, die den roten Traktor fahren konnten und damit, stolz wie Kinder, die eben laufen gelernt hatten, im Dorf herumkurvten. Die Hirten wehrten sich gegen diese Maschinen – doch vergeblich. Eine Zeitlang blieben sie noch im Dorf, wie ausrangierte Züge. Doch später, nachdem sie keine andere Arbeit gefunden und für den kommenden Winter nicht mehr genügend Vorräte hatten, gingen sie in den Westen des Landes, in die großen Städte, um irgendeine Arbeit zu finden und dann im Herbst mit vollen Taschen nach Hause zurückkehren zu können. Sie waren nacheinander mit gesenkten Köpfen aus dem Dorf gegangen, in dem sie geboren worden waren und ihr ganzes bisheriges Leben verbracht hatten.

Einige Jahre pendelten sie noch hin und her; im Winter kehrten sie ins Dorf zurück, und sobald der Schnee geschmolzen und das Grüne in seiner ganzen Schönheit hervorgetreten war, die Pflanzen ihre ersten Blüten zeigten, machten sie sich wieder auf ihren Weg in den Westen, um auf einer neuen Baustelle zu arbeiten. Nach einiger Zeit ließen sie dann auch ihre Frauen nachkommen, die ja keine Schafe mehr zu melken hatten, und die Kinder, die auf dem Dorfplatz immer noch aus voller Kehle geschrien hatten, und kamen nur noch zum Ramadan-Fest, zu einer Beerdigung oder zum Opferfest ins Dorf. Dazu mieteten sie in der Stadt einen Magirus-Bus und lachten und scherzten miteinander, bis sie im Dorf angelangt waren. Bei diesen Gelegenheiten konnten die zurückgebliebenen, ihrem eigenen Schicksal überlassenen alten Nachbarn sie sehen und ihre Sehnsucht nach ihnen stillen. Jedesmal wurde für die von weit her gekommenen Gäste ein fettes Lamm geschlachtet, dessen Blut in die nach Wasser dürstende Erde floß, und Pilaw mit nach Pfefferminze duftender Joghurtsuppe gekocht.

Wenn die Dorfbewohner in der Stadt etwas zu erledigen hatten, besuchten sie auch die am Stadtrand lebenden ehemaligen Nachbarn. Sie blieben jedoch immer nur für ein paar Tage bei den oft seltsam veränderten und viel nachdenklicher gewordenen neuen Stadtleuten. Die ehemaligen Nachbarn redeten über Dinge, von denen die Gäste aus dem Dorf nichts verstanden, sie sprachen und lachten nicht mehr wie früher. Sie, die früher die gleichen Geschichten erzählt hatten, waren jetzt wie von ihrem Baum abgetrennte Äste. Ihre Kleidung war halb städtisch, und ihr Kurdisch war voller fremder Wörter, die die alten Nachbarn aus dem Dorf nicht verstanden. Ihre jungen Töchter hatten die Kopftücher abgelegt und die Haare kurz geschnitten, wie die Jungen; sie kleideten sich wie ihre städtischen Nachbarn, auch wenn sie ins Dorf zu Besuch kamen.
Manche der ehemaligen Nachbarn hatten sich geschworen, ins Dorf zurückzukehren, sobald sie etwas Geld auf der Seite hätten. Doch die meisten wurden bequem und sagten, sie hätten sich so oder so daran gewöhnt, am Rande der Stadt zu leben, und sie würden bei der ersten Gelegenheit hier einen Stein auf den anderen stellen. Die Optimisten unter ihnen hatten gehofft, die Regierung werde bald die versprochene Landreform durchführen. Damit bekäme jeder Dorfbewohner seinen Anteil von den weiten Feldern,

und sie könnten sofort in die Heimat der Väter zurückkehren. Die Mutigsten hingegen hatten sogar gemeint, die Fremde werde für sie niemals eine Heimat, sie würden zurückkehren und Beko die flachen Felder mit Hilfe ihrer Ellbogen und Holzstöcke wegnehmen. Schließlich sei Bekos Vater später als ihre Väter ins Dorf gekommen.
Doch die Jahre und Jahreszeiten flossen wie ein Fluß vorbei, und im Dorf waren ihre faltig gewordenen Gesichter nicht mehr zu sehen. Manche hatten ihre Kinder in der Stadt zur Schule geschickt, manche ließen sie einen Beruf erlernen. Manche führten Geschäfte wie die Städter. Viele arbeiteten immer noch auf Baustellen und brachten am Abend Brot, Oliven und Käse in ihr Zuhause am Stadtrand. Hin und wieder ließen sie Briefe schreiben und fragten nach der Gesundheit ihrer früheren Nachbarn. Wenn jemand einen Brief ins Dorf schickte, wurde dieser immer von Grüßen vieler anderer begleitet. In den Briefen waren regelmäßig Klagen über Probleme mit Sprache, Gewohnheiten und Freundschaften zu lesen; es habe zum Beispiel einmal eine heftige Auseinandersetzung gegeben, als man auf der Straße ein Feuer machen wollte, um Fleisch zu braten.

In der Schweiz werden alle 10 Sekunden 10 m² Boden überbaut. Das entspricht der Fläche eines Parkplatzes.

Yusuf Yesilöz, Mittelanatolien (Türkisch-Kurdistan), geb. 1964, lebt in Winterthur (Schweiz).

**Die Aborigines
in Australien
nennen die Kräfte
und Mächte,
die die Welt
erschaffen haben,
ihre »Creative
Ancestors«,
ihre Schöpferischen
Ahnen.
In der Epoche,
in der sie
die Welt schufen,
der »Traumzeit«,
bewegten sich
die Ahnen
über eine kahle,
eintönige Fläche,
ähnlich wie auch
die Aborigines
durch ihr
riesiges Land
wandern ...**

南浦大桥

»Wir sind Kriegsgefangene«, sagte Chacko. »Unsere Träume wurden kastriert. Wir gehören nirgendwohin. Wir segeln ohne Anker durch stürmische Meere. Vielleicht wird man uns nie erlauben, an Land zu gehen. Unser Leid wird nie traurig genug sein. Unsere Freude nie freudig genug. Unsere Träume werden nie groß genug sein. Unser Leben nie wichtig genug. Um von Bedeutung zu sein.«

Um Estha und Rahel ein Gefühl für historische Perspektiven zu vermitteln [...], erzählte er ihnen von der Erdfrau. Sie sollten sich vorstellen, daß die Erde – die viertausendsechshundert Millionen Jahre alt war – eine sechsundvierzig Jahre alte Frau sei, so alt wie der Lehrer Aleyamma, der ihnen Malayalam-Unterricht gab. Das gesamte Leben der Erdfrau war notwendig gewesen, damit die Erde zu dem wurde, was sie war. Damit sich die Ozeane teilten. | **99 % des Erdballs** | Damit sich die Gebirge auftürmten. Die Erdfrau war elf Jahre alt, | **sind heißer als 1000 °C** | sagte Chacko, als die ersten einzelligen Organismen | **und nur 0,1 % sind kühler als 100 °C.** | auftauchten. Die ersten Tiere, Geschöpfe wie | **Im Erdkern sind Temperaturen von ca. 4500 °C,** | Würmer und Quallen, gab es erst, als sie vierzig war. | **im oberen Erdmantel** | Sie war schon über fünfundvierzig – ungefähr vor acht Monaten –, | **noch ca 1300 °C anzunehmen.** | als Dinosaurier auf der Erde lebten.

»Die gesamte menschliche Zivilisation, so wie wir sie kennen«, erzählte Chacko den Zwillingen, »begann im Leben der Erdfrau erst vor zwei Stunden. So lange, wie wir brauchen, um von Ayemenem nach Cochin zu fahren.«

Es sei ein ehrfurchtgebietender und demütig machender Gedanke, sagte Chacko (»demütig« ist ein nettes Wort, dachte Rahel, »demütig und ohne Sorgen in der Welt«), die gesamte zeitgenössische Geschichte, die Weltkriege, der Krieg der Träume, der Mensch auf dem Mond, Wissenschaft, Literatur, Philosophie, das Streben nach Wissen seien nichts weiter als ein Blinzeln der Erdfrau.

»Und wir, meine Lieben, alles, was wir sind und jemals sein werden – wir sind nur ein Funkeln in ihrem Auge«, sagte Chacko großmütig, während er auf seinem Bett lag und an die Decke starrte.

Wenn er in dieser Stimmung war, sprach Chacko mit seiner Vorlesestimme. Sein Zimmer hatte dann etwas von einer Kirche. Es war ihm gleichgültig, ob sie ihm zuhörten oder nicht. Und wenn sie zuhörten, war es ihm gleichgültig, ob sie verstanden, was er sagte, oder nicht. Ammu nannte sie seine Oxford-Stimmungen.

Später, im Licht all dessen, was geschehen war, schien »Funkeln« das vollkommen falsche Wort, um den Ausdruck in den Augen der Erdfrau zu beschreiben. Funkeln war ein Wort mit gekräuselten, glücklichen Rändern.

Arundhati Roy, Indien, geb. 1961, lebt in Neu Delhi.

»Vergiß es nicht, Léonce! Vergiß nicht, mich genau anzusehen, damit du mich am Tag unseres Wiedersehens erkennst.«
Während sie noch ein letztes Mal atmete, sah Léonce, wie sich die alte zerfurchte Haut wundersam spannte. Alle Falten schwanden, und ihr Mund richtete sich gerade auf wie ein Boot auf windstillem Meer. Im Bett seiner Großmutter ruhte jetzt ein junges Mädchen, das die Jahre abgeworfen hatte, eine schöne Negerin mit dem Teint eines Breiapfels, im Schmuck ihrer weißen Haare.

Die Gabe kam wieder ... vielleicht, weil jetzt ein Samenkorn in Myrthas Bauch keimte. Vielleicht, weil es in Léonces Kopf drunter und drüber ging. Eins aber ist sicher: Eben dieses junge Mädchen mit den weißen Haaren erschien Léonce in seinem Garten, in sicherer Entfernung von Neugierigen und alten Zombies. Am Fuße des Sternapfelbaums hatte ihn ein kleiner Schlummer übermannt. Aber kaum war er eingeschlafen, wachte er wieder auf. Ganz verändert. Als verließe er seinen Körper, um ein zweites Mal geboren zu werden. Ein hauchdünner Schleier lag vor seinen Augen. Seine Lippen stimmten einen Jubelgesang an, denn ein Wunder war geschehen. Der Garten um ihn herum, der, als er eingeschlafen war, überhaupt noch keine Früchte getragen hatte, strotzte vor Überfluß. Die Zweige des Avocadobaums hingen unter ihrer Last durch. Die roten Pfefferschoten leuchteten in großer Zahl zwischen ihren Blättern hervor. Mandarinen, Orangen, Pampelmusen, tausend Sonnen an jedem Ast, überzogen mit ihrem Duft den ganzen Hügel. Das Zuckerrohr glich einem riesigen Seeigel, so dicht ragten seine zahllosen Triebe in die Höhe, bereit, den Himmel zu durchbohren. Die drei Bananenpflanzen, die ihm besonders am Herzen lagen, hatten wunderbar große Stauden hervorgebracht, die, über den Daumen gepeilt, jede mehr als eine Tonne wogen. Und dann blieb er wie angewurzelt vor dem Brotbaum stehen. Der mickrige Setzling, den er vor einem Monat eingepflanzt hatte, überragte mit seiner Höhe von dreißig Fuß alles. Auf seinen mit Früchten beladenen Ästen hatte sich eine quirlige, bunte Vogelwelt niedergelassen: Sappho-Kolibris, Aras mit blauem und gelbem Gefieder, goldfarbene Kolibris, Paradiesvögel, Wildtauben, rosarote Flamingos, Kakadus, Amseln, Tukans, Fregattvögel, dickschnabelige Papageien ... Ihr Gesang schallte um den Stamm des Sternapfelbaums, an

dem der sprachlose Léonce lehnte. Er hatte Lust zu tanzen, zu singen, eine bekannte Melodie zu pfeifen. Aber kein Ton wollte aus seiner Kehle kommen. Also gab er sich damit zufrieden, seine Augen, seine Ohren, seine Nase mit dem Paradies zu füllen, in das sich sein bescheidener Garten verwandelt hatte. Als sein Blick auf die Reihen Maniok fiel, lächelte er. Welch ein Wunder! Sein Lächeln wurde breiter und breiter, und heraus platzte ein Lachen, das wie ein Akrobat leichtfüßig von Ast zu Ast hüpfte. Unvorstellbar! Oh! Oh! Oh! Ein dichter Reigen Blätter, die sich um blühende Triebe wanden und eine wunderbare Ernte verhießen. Wer wäre noch auf die Idee gekommen, daß die Pflanzen erst knapp einen Monat alt waren?
Sind Träume oft so wirklichkeitsnah? Er rieb sich die Augen, trank einen kräftigen Schluck Wasser und sah noch einmal hin. Genau in diesem Augenblick erschien ihm Octavie. Sie trug das weiße Kleid, das am Tage ihres Todes ihre Blöße bedeckt hatte. Aber das wichtigste: Sie hatte das verjüngte Gesicht, das vor elf Jahren Christen aller Schattierungen, Puffmüttern mit Groll im Herzen ebenso wie Einfaltspinseln, die an nichts Böses dachten, Rätsel aufgegeben hatte. Ihr volles weißes Haar blendete wie die Mittagssonne. Sie lächelte Léonce zu. Es war das Lächeln einer Wiedergängerin, das die Vögel des Gartens verstummen ließ. Entsetzt riß Léonce seine Hacke hoch. Eine Viertelsekunde lang erwog er, gegen Beelzebub und seine geheime Armee einen Kampf zu führen. Aber dann erinnerte er sich an die todsichere Waffe, die Dämonen niederschmettert, und er begann sofort ein Vaterunser nach dem anderen zu beten. Das Gelächter der Großmanman erstickte seine Beschwörungsversuche. Es kam näher und näher. Als er spürte, wie ein Eishauch seinen kalten Schweiß trocknete, schloß er die Augen und ergab sich in sein Schicksal. Soll sie mich doch endlich töten! Ich weiß, daß mich meine Manman nicht zur Welt gebracht hat, weil ich für die Liebe bestimmt bin, sondern nur, um zu leiden und in Bedrängnis zu geraten. Für jede noch so kleine Freude muß ich einen hohen Preis zahlen, und zwar sofort. Nein, ich bin nicht für die Liebe geboren, sondern nur für den Tod. Jetzt ist die Stunde gekommen, da Man Octavie mich holt. Möge es ein Ende mit mir nehmen, dachte er ... Aber das Leben ist feige. Es läuft vor dem Tod davon. Es treibt seine Späße, schneidet Grimassen, veranstaltet ein ziemliches Theater, eine Zeitlang, noch ein bißchen länger ... Es hält ein Seil, faßt einen Ast,

holt tief Luft, laß mich noch ein bißchen leben, bitte. Léonce spielte verrückt, spielte Theater, spielte sich vor der Wiedergängerin auf, verschaffte sich einen Vorsprung, damit ihn der Tod nicht mit sich nähme.
»Man Octavie! Ach, du bist es!«
»Aha, du hast mich also wiedererkannt! Fürchte dich nicht, mein Junge ... Wir sind's, wir sind's. Warum zitterst du so? Habe ich dir etwa schon einmal was zuleide getan, mein Sohn? Schulde ich dir nicht ewigen Dank ... Du warst mir Arme und Beine, als ich gelähmt von meiner Krankheit – schuld daran war ein verruchter Reis mit saurem Hering – wieder zu einem Säugling in der Wiege geworden war. Du siehst, ich lüge nicht. Ich habe dir vorausgesagt, daß sich unsere Wege noch einmal kreuzen werden. Dein Herz ist gut, oh ja! Ich habe dich bei deinen Besuchen auf dem Friedhof beobachtet. Oft habe ich dein Gesicht liebkost, wenn ich ehrlich sein soll, jedesmal, wenn du dich hinknietest, um für mein Seelenheil zu beten. Du bist von einem guten Stamm. Du hast nichts von deiner Manman Ninette ... An einem Allerheiligenabend habe ich einen kleinen Kuß auf deine Hand gedrückt, als sie gerade Kerzen auf mein Grab stellte ... Ich habe laut gelacht. Du hast nichts gehört. Ich sollte es dir eigentlich nicht verraten, aber in Wirklichkeit liegen da unten nur ein paar alte, vermoderte Knochen. Ich, ich bin an einem anderen Ufer, das du nicht kennen kannst ...« Auf ihrem Gesicht spielte das Lächeln eines jungen Mädchens. Ihre Augen kreisten irre wie Nachtfalter um das Lampenlicht. Ihre vom Tod blankgeputzten Zähne sprühten weiße Funken, die ihr Lachen begleiteten.
»Hör jetzt gut zu!« Sie blies eine vorbeifliegende Feder weg, runzelte die Stirn, um die Gedanken zu ordnen, die ihr durch den Sinn schwirrten. Dann sprach sie wieder, in Eile, als sei ihre Zeit genau bemessen. »Hör zu, mein Sohn! Deine Erstgeborene wird Célestina heißen. Gib ihr keinen anderen Namen! Als zweiter kommt ein kleiner Junge, aber er ist nicht für diese Welt bestimmt. Sage deiner Liebsten, daß sie Geduld haben und nicht zu viele Tränen vergießen soll, denn ihr werden Zwillinge gegeben, kurz vor ihrer letzten Frucht. Zot ké ni kat ti moun! Verlang nicht mehr vom Herrn! So ist es dir bestimmt und damit basta. Erzähle den Leuten hier nicht, daß ich dich besucht habe ... Ach, das hätte ich beinahe vergessen: Ich gebe dir deine Gabe zurück, die deine Manman dir vorent-

halten hat. Gehe sorgfältig damit um! Verschleudere sie nicht, sondern gebrauche sie zu deinem Nutzen. Ich habe gesprochen«, schloß sie, bevor sie in einer silbriggoldenen Wolke davonflog.
Léonce nahm das, was seine verstorbene Großmanman gesagt hatte, ohne auch nur ein Wort zu erwidern, in sich auf. In dem Augenblick, als sie verschwand, wurde es Nacht im Garten. Der arme Kerl biß die Zähne zusammen, denn er wußte, daß unten im Ort die Mittagshitze brütete. Er wollte die Augen offen halten, aber eine Hand nahm ihm die Sicht. Man weiß nicht, warum er auf der Stelle in einen schwerelosen Schlaf fiel. Sein Körper stieg auf in einen Himmel, wo Kometenpferde stoben, wo die Sonnen totgeborene Monde gebaren und die Sterne auf ihren langen Strahlen stakten wie auf Karnevalsstelzen. Dann wäre er fast in einem Meer mit schwarzen Abgründen versunken, wo trunkene Mondfische wohnten und philosophische Seepferdchen, einsame Meeresschildkröten und Tintenfische mit zwanzig oder dreißig Fangarmen voller gieriger Saugnäpfe. Schließlich landete | **In den letzten Jahren** | er in einem Land, wo wilde Guavenbäume wuchsen, | **hat sich herausgestellt,** | wo Esel blaues Gras fraßen und auf ihren Hinterbeinen | **daß die Meeresoberfläche** | Luftsprünge vollführten. Er verfolgte mit den Augen einen Kolibri, | **eine ausgeprägte Topographie besitzt.** | der seine Nahrung aus den Herzen der Blumen saugte. Dann flatterte er mit den Flügeln wie ein gelber Schmetterling, der in die Ferne fliegt. So kam er unmerklich immer höher. Aber ach, die Flügel, die ihm gewachsen waren, schmolzen unter der zurückkehrenden Sonne. Da er das Ende seiner Erlebnisse mit großer Geschwindigkeit auf sich zukommen sah, fing er an, im Leeren hin- und herzustrampeln. Das rettete ihn. | **Der durchschnittliche Pegel** | Er stürzte zwanzig Fuß tief, fiel aber, | **südlich von Indien** | Gott sei Dank, auf einen Esel. Das Tier war leider wild und warf ihn mit | **liegt rund 170 Meter tiefer** | einem Ruck ab. Sein Kopf stieß gegen einen Felsbrocken, | **als in der Gegend von Island.** | wodurch er in einen kurzen, tiefschwarzen, traum- und alptraumlosen Schlaf fiel, in ein Kinderschlummerschläfchen. Als er erwachte, fand er sich am Fuße des Sternapfelbaums, kniff sich in den Handrücken, hob ein Lid und streckte den Hals vor, um zu sehen, ob Man Octavie auch wirklich verschwunden war. Im Garten ringsherum regte sich nichts, dort lag eine Mistgabel, hier ein Messer, weiter unten eine Hacke. Der Garten hatte nichts

mitzuteilen, zeigte nicht die geringste Erregung, trug nicht die Spur einer Erinnerung. Léonce streckte ein Bein aus, erhob sich, stieg über seinen Hut und begann fieberhaft zu suchen, wie Hunde, die eine Spur wittern. Der Geruch eines Volants ... ein an einem dornigen Ast hängengebliebener Faden, ein Stoffetzen ... eine Haarnadel oder eine Sicherheitsnadel ... ein Fußabdruck, ja, ein Fußabdruck mit fünf Zehen auf einer Erdscholle. Die Sonne war wieder da, aber es war eine böse Sonne, die die Haut zerschnitt und die Augen zerstach. Eine Sonne, die Nadeln in den Rücken bohrte und die Kehle austrocknete. Eine Sonne, die die karge Erde des Hügels bersten ließ. Der Garten wartete in aller Ruhe ... wartete, daß Léonce sich wieder an die Arbeit begab. Der Garten lag da, reglos, gefügig, stumm, abwesend, wie eine Frau, die sich hingibt, aber ohne Liebe, und das auch zeigt. Niedergeschmettert von dem, was er gesehen hatte, und vom Umfang der zu vollbringenden Arbeit, um dem Vorbild des phantastischen Gartens näherzukommen, setzte er sich wieder unter seinen Baum. Gerade schickte er sich an, über die Grausamkeit der Träume, die den Geist täuschen, nachzudenken, da fiel ihm ein Sternapfel auf den Kopf. | **Der Spiegel des Genfersees liegt in Genf** | Das hatte auf ihn die gleiche Wirkung wie die Sirene, die mittags unten | **1,8 Meter tiefer als in Montreux.** | im Ort losheulte. Er löste den Strick, der ihn an die Firma Tränen, Klagen und Co. gebunden hatte. Er erhob sich, brach in lautes Lachen aus und ging fort. Und dann lief er los wie ein Verrücktgewordener, warf wie am 14. Juli Konfetti und überall, wohin ihn sein Lachen trieb, Girlanden der Phantasie in die Luft. Als Myrtha hinter den Maniokbüschen auftauchte, ihren Sieben-Monde-Bauch mit beiden Händen haltend, sang er den Namen Célestina, sein erstes Kind.

Gisèle Pineau, Guadeloupe, geb. 1956, lebt in Basse-Terre, Guadeloupe.

… Die Ahnen
der Aborigines
zogen hierhin
und dorthin,
sie jagten,
schlugen ihr Lager auf,
kämpften und liebten,
und so
schufen sie aus
einem formlosen
Land eine
topographische
Landschaft.
Vor ihren Wanderungen
legten sie sich
schlafen und träumten
die Abenteuer
und Ereignisse
des folgenden Tages …

LANDNAHME – ALPEN *Rudolf von Tavel (1891)*

Unaufhaltsam durchbraust der schnelle Kiel des Dampfbootes die malerischen Alpenseeen; die Lokomotive hat sich durch Fels und Schrund einen Weg gebrochen in die entlegensten Thalschaften und trägt schon der Güter reiche Menge zwischen den gemächlich weidenden Kuhheerden hindurch über stille Alpen. Schon steht der spekulative Ingenieur auf den Zinnen der drohendsten Gletscherberge und berechnet das wahrscheinliche Wachsthum der luxuriösesten Bedürfnisse des Volkes. Wer weiß, wie bald die dumpfrollenden Dynamitexplosionen aus den Granitfelsen der Jungfrau das Anbrechen der höchsten Kulturperiode der Hochgebirgswelt verkünden?

LANDNAHME – URWALD *Albert Schweitzer (um 1924)*

Als Ojembo in sein Dorf ging, brachte er die Leute des Dorfes dazu, daß sie miteinander ein großes Stück Wald ausrodeten, um eine große Pflanzung von Bananen und Maniok anzulegen. Das Fällen des Urwaldes ist eine so beschwerliche Arbeit, daß die Schwarzen gewöhnlich nur gerade so viel Land urbar machen, als sie brauchen, um nicht ganz zu verhungern. Darum ist in jenen Gegenden fast ständig Hungersnot. Oft muß die Regierung schwarze Soldaten ins Dorf legen, um die Leute zu zwingen, genügend Wald zu Pflanzungen umzuhauen.

LANDNAHME – PAZIFIK *Stefan Zweig (1927)*

Am nächsten Tage, dem Kalendertag des heiligen Michael, erscheint er, von bloß zweiundzwanzig Gefährten begleitet, an dem Strande, um selbst wie Sankt Michael, gewaffnet und gegürtet, in feierlicher Zeremonie Besitz von dem neuen Meere zu nehmen. Nicht sofort schreitet er in die Flut, sondern wie ihr Herr und Gebieter wartet er hochmütig, unter einem Baume ausruhend, bis die steigende Flut ihre Welle bis zu ihm wirft und wie ein gehorsamer Hund mit der Zunge seine Füße umschmeichelt. Dann erst steht er auf, wirft den Schild auf den Rücken, daß er wie ein Spiegel in der Sonne glänzt, faßt in eine Hand sein Schwert, in die andere die Fahne Kastiliens mit dem Bildnis der Mutter Gottes und schreitet in das Wasser hinein. Erst wie die Wellen ihn bis zu den Hüften umspülen, er ganz eingetan ist in dies große fremde Gewässer, schwingt Nuñez de Balboa, bisher Rebell und Desperado, nun treuester Diener seines Königs und Triumphator, das Banner nach allen Seiten und ruft dazu mit lauter Stimme: »Vivant die hohen und mächtigen Monarchen Ferdinand und Johanna von Kastilien, Leon und Aragon, in deren Namen und zugunsten der königlichen Krone von Kastilien ich wirklichen und körperlichen und dauernden Besitz nehme von allen diesen Meeren und Erden und Küsten und Häfen und Inseln.«

LANDNAHME – HIMALAYA *Maurice Herzog (1951)*

Noch einige Felsblöcke sind zu umgehen. Wir ziehen uns hinauf, so gut wir können. Ist's möglich ...? Ja, wahrhaftig! Ein heftiger Wind schlägt uns entgegen. Wir sind auf der Annapurne! 8075 Meter. Unsagbare Freude schwellt unsere Herzen. Die Mission ist erfüllt. Es ist unfassbar, wenn man so plötzlich sein Ideal verwirklicht und zugleich sich selbst. Nie habe ich eine so große, reine Freude empfunden. Dieser bräunliche Stein, der höchste in der Runde, dieser Eisgrat ... sind sie das Ziel eines ganzen Lebens? Ist hier die letzte Grenze menschlichen Stolzes?

P&H
2800

**... Auf diese Weise,
indem die Ahnen
der Aborigines
ihre Träume
in die Tat umsetzten,
schufen die sie
Ameisen,
Grashüpfer,
Emus,
Krähen,
Papageien,
Wallabys,
Känguruhs,
Echsen,
Schlangen,
alle Nahrung sowie
die Pflanzen.
Sie schufen
alle Elemente
der Natur,
die Sonne,
den Mond und
die Sterne,
und ...**

Es ist gestern.

Die Bäume sind von Schoten schwer. Es sind keine Blätter an den Bäumen, nur gewundene, lange Schoten. Die Blätter sind heruntergefallen. Die Bäume erklingen im Wind, der gegen die Äste stößt und die Schoten aneinanderschlägt. Ein trockenes Geräusch, dann raschelnde Stille, laut, zwischen den hängenden Schoten und den leeren Ästen. Mazvita sieht auf. Die Schoten sind lang und oval zwischen den kahlen Ästen, groß und voll dichter Saatkörner. Blätter fallen durch die trockene Luft, wirbeln in die Gräser mit einem Versprechen, zu wachsen. Sie schaut auf und sieht eine lilafarbene Blüte, versteckt zwischen den trockenen, hängenden Ästen, beschützt bis zur nächsten Blütezeit. Die Blüte liegt in einem kahlen, gequälten Baum, der überlebt, der Wind und rüttelnden Schoten standhält. Die Bäume werden lang und strecken sich am Himmel, ihre Rinde fällt herunter und faltet sich am Boden. Die Bäume wachsen in den Himmel. Mazvita geht über einen schmalen Fußweg zwischen den Hügeln. Früher muß sie auf ähnliche Weise aufgesehen haben, genau so, und dabei gelernt haben, zu vergessen, ungeschützt und besorgt.

Würde sie die Angst nicht kennen, sie könnte hier anfangen, ohne Namen. Es ist hinderlich, einen Namen zu haben. Er ist ein Anker. Er trägt Figuren in ihre Erinnerung. Er erinnert sie an diesen Ort, den sie früher hat vergessen wollen. Mit Namen tritt eine ganze Kindheit hervor, Gesichter, die näher kommen und sie berühren. Sie möchte die Namen vergessen, die ihren Namen rufen, dann könnten die Hügel ihr einen ganz neuen Namen geben. Sie hätte gern ohne Namen begonnen, tonlos und ohne Schmerz. Sie hat Angst. Sie hatte einen schlechten Anfang, zu viel Vergeltung. Sie sieht ihre Mutter. Alt kommt sie auf sie zu und ruft: »Mazvita!«

Mazvita schaut auf und sieht die Felsen, viele und kleine Felsen, tief in dem Tal, tiefgrau, und Steine liegen zwischen Hügeln aus Erde und kahlen Bäumen. Die Steine liegen am Himmel, denn der Himmel verschluckt alles, zerrt einen herauf, zerrt an den Augen. Die Hügel sind hoch und der Himmel wächst aus den Bergen. Die Berge bedrängen sie, drängen sie vom Weg in das verbrannte Gras. Neues Gras wächst über das verbrannte Gras. Die Felsen stürzen vom Berg. Es ist nicht friedlich, doch der Himmel läßt die Felsen harmlos aussehen – Nebel wächst über die Hügel und bedeckt die Felsen. Mazvita findet den Weg wieder. Der Nebel füllt ihre Augen und versteckt den Himmel. Der Nebel ist der Himmel. Der Nebel ist blau wie der Himmel, doch sie weiß, es ist nicht der Himmel, es ist der Nebel. Der Nebel ist der Himmel und die Felsen an dem Hügel. Der Himmel stürzt und fällt. Der Nebel breitet sich aus und faltet sich über die Berge und über die fallenden Felsen. Sie geht in einem Gemisch aus Nebel und Felsen, der Himmel fällt über ihre Schultern, läuft von den Bergen, über ihren Kopf.

Es ist gestern. Mazvita sieht den Rauch und die Hügel. Die Hütten drängen sich an die Hügel. Sie sind zwischen die Felsen gebaut und mit verschlungenen Wegen und dornigen Gräben verbunden. Die Hütten sind in dem Rauch begraben. Mazvita geht langsam auf die Hütten zu, auf den Rauch zu. Der Rauch verschmutzt den Horizont.

Es ist gestern.

Das Dorf ist verschwunden. Mazvita riecht das verbrannte Gras, auch wenn das meiste vom Regen weggespült worden ist. Die Erde ist schwarz vom verbrannten Gras. Mazvita sammelt das brennende Gras. | **Die Erde kreist um die Sonne.** | Sie wird das brennende Gras mitnehmen. | **Die Umlaufbahn ist ellipsenförmig** | Sie wird die Stimmen mitnehmen, an die dieser Ort, | **und 936 Millionen km lang.** | das brennende Gras, sie erinnern. Sie hat die Stimmen nicht vergessen. | **Die Umlaufzeit beträgt** | Die zusammengefallenen | **365 Tage 5 Stunden 48 Minuten und 46 Sekunden.** | Hütten sind dunkel vom Rauch, und der Nebel legt sich sanft über die leeren Wände. Mazvita geht zu den Hütten. Der Rauch ist schon lange verschwunden, doch Mazvita sieht ihn über den Hütten, die verbrannt worden sind. Es ist gestern. Mazvita geht mit sanften Schritten, die sie zu ihrem Anfang führen. Mazvita beugt sich vor und nimmt das Baby von ihrem Rücken, in ihre Arme.

Die Stille ist tief, hohl und einsam.

Yvonne Vera, Simbabwe, geb. 1964, lebt in Bulawayo.

Wie lange gibt es die Rohstoffe noch?

Chrom	350
Eisen	300
Mangan	250
Braunkohle	230
Steinkohle	200
Nickel	160
Zinn	120
Kupfer	090
Blei	090
Erdgas	075
Zink	045
Erdöl*	045
Quecksilber	035
** Einschließlich Teersande/Ölschiefer**	120

(Statistische Lebensdauer in Jahren)

**... die Ahnen
der Aborigines
schufen auch
die Menschen, die
Stämme und Clans.
All dies
wurde von
den Ahnen
gleichzeitig erschaffen,
und jedes Ding
konnte sich
in ein anderes
verwandeln.
Eine Pflanze
konnte zu einem
Tier werden,
ein Tier zu einer
Landschaftsform,
eine Landschaftsform
zu einem Mann
oder
einer Frau ...**

Nach so vielen Stunden des Wanderns, ohne daß man auf den Schatten eines Baumes, den Samen eines Baumes oder auch nur auf irgendeine Wurzel gestoßen wäre, hört man Hundebellen.

Auf diesem Weg ohne Rand hat man manchmal geglaubt, daß nachher nichts mehr kommen werde, daß auf der anderen Seite, am Ende dieser von Erdspalten und ausgetrockneten Bachbetten durchfurchten Hochebene, nichts sein könne. Aber doch, da ist etwas. Da ist ein Dorf. Man hört die Hunde bellen und riecht in der Luft den Rauch und genießt diesen Geruch nach Menschlichem wie eine Hoffnung.

Aber das Dorf ist noch weit dahinten. Nur der Wind bringt es näher.

Wir sind seit Tagesanbruch gewandert. Jetzt mag es vier Uhr nachmittags sein. Einer sieht zum Himmel hinauf, dreht sich die Augen dahin aus, wo die Sonne hängt, und sagt:

»Es ist etwa vier Uhr nachmittags.«

Dieser eine ist Melitón. Mit ihm gehen Faustino, Esteban und ich. Wir sind vier. Ich zähle sie: zwei vorne, die anderen beiden dahinter. Ich schaue weiter rückwärts und sehe niemanden. Dann sage ich zu mir: »Wir sind vier.« Vor einiger Zeit, so gegen elf, waren wir über zwanzig. Aber ein Häufchen nach dem anderen hat sich dann aufgelöst, bis schließlich nur noch unsere Gruppe übriggeblieben ist.

Faustino sagt:

»Vielleicht wird es regnen.«

Alle heben den Kopf und sehen eine schwere schwarze Wolke, die über uns dahinzieht. Und wir denken: Vielleicht.

Wir sagen nicht, was wir denken. Schon seit einer Weile ist uns die Lust zu sprechen vergangen. Die Hitze hat sie verscheucht. Anderswo würden wir uns gerne unterhalten. Aber hier macht es Mühe. Hier redet man, und die Worte werden einem heiß im Mund von der Hitze draußen, trocknen auf der Zunge ein und benehmen einem schließlich den Atem. So ist das hier. Darum mag niemand reden. Ein großer, dicker Regentropfen fällt, bohrt ein kleines Loch in die Erde und wird zu einem Häufchen Matsch, wie wenn da jemand hingespuckt hätte. Ein einziger Tropfen. Wir warten darauf, daß noch mehr fallen, wir suchen sie mit den Augen. Aber es kommt keiner mehr. Es regnet nicht. Schaut man jetzt zum Himmel hinauf, sieht man die Regenwolke, wie sie in großer Eile weit fortzieht. Der Wind, der aus dem Dorf kommt, ist dicht hinter ihr her und treibt sie gegen die blauen Schatten der Berge. Den Tropfen, der da aus Versehen gefallen ist, verschlingt die Erde, und ihr Durst saugt ihn auf.

Wer, zum Teufel, hat diesen riesigen Llano gemacht? Wozu ist er eigentlich nütze?

Wir gehen jetzt wieder. Wir waren stehengeblieben, um es regnen zu sehen. Es hat nicht geregnet. Nun wandern wir weiter. Und es kommt mir in den Sinn, daß die Strecke, die wir gewandert sind, größer ist als die, die wir zurückgelegt haben. Das kommt mir so in den Sinn. Hätte es geregnet, würde mir vielleicht was anderes einfallen. Aber daß es im Llano geregnet hat, was man so regnen nennt, das habe ich überhaupt noch niemals erlebt.

Nein, der Llano ist zu nichts nütze. Es gibt keine Kaninchen da und keine Vögel. Es gibt nichts. Abgesehen von ein paar kahlen Huizachesträuchern und hin und wieder einem Fleckchen Erde, auf dem Zacategras steht mit eingerollten Blättern – abgesehen davon gibt es nichts.

Und hier gehen wir nun. Alle vier zu Fuß. Zuerst sind wir geritten und hatten den Karabiner umgeschnallt. Jetzt haben wir nicht einmal mehr den Karabiner.

Daß man uns die Karabiner abgenommen hat, war richtig, das habe ich gleich gefunden. Hier ist es gefährlich, Waffen zu tragen. Man wird mir nichts, dir nichts umgebracht, wenn man immer mit dem Gewehr am Riemen gesehen wird. Aber mit den Pferden ist es etwas anderes. Wären wir geritten, dann hätten wir jetzt schon von dem grünen Wasser des Flusses getrunken und würden unsern Bauch auf den Dorfstraßen spazierenführen, um das Essen sich setzen zu lassen. Das täten wir, wenn wir noch all die Pferde hätten, die wir gehabt haben. Aber mit den Karabinern hat man uns auch die Pferde abgenommen.

Ich drehe mich nach allen Seiten und sehe mir den Llano an. So viel Land, solch ein großes Stück Land, und taugt zu nichts und wieder nichts. Die Augen rutschen einem aus, wenn da nichts ist, woran sie Halt finden. Nur ein paar Eidechsen stecken den Kopf aus ihren Löchern, und sobald sie die Sonnenglut spüren, schlüpfen sie schnell fort und verstecken sich im Schatten eines Steines. Aber wir, wo werden wir Schutz vor der Sonne finden, wenn wir erst hier arbeiten müssen? Denn diesen steinharten Boden, auf dem nichts wächst, hat man uns gegeben, um ihn zu bebauen.

Man hat uns gesagt:
»Vom Dorf an bis hierher gehört alles euch.«
Wir haben gefragt:
»Der Llano?«
»Ja, der Llano. Der ganze Llano Grande.«
Wir haben den Mund verzogen und gesagt, daß wir den Llano nicht haben wollen. Daß wir das Land am Fluß wollen. Vom Fluß an bis dahinten, das fruchtbare Uferland, wo diese Casuarinabäume stehen, wie die Leute sie nennen, und die Wiesen mit dem Pará-gras und die gute Erde. Nicht diese harte Kuhhaut, den Llano.
Aber man hat uns unsere Sachen nicht sagen lassen. Der Kommissar war ja nicht gekommen, um sich mit uns zu unterhalten. Er hat uns die Papiere in die Hand gedrückt und hat gesagt:
»Und bekommt keinen Schreck, daß so viel Land euch ganz alleine gehört!«
»Aber Herr Kommissar, der Llano ...«
»Es sind tausend und aber tausend Tagwerk.«
»Aber es gibt dort kein Wasser. Nicht genug, um sich den Mund auszuspülen.«
»Und die Regenzeit? Niemand hat euch gesagt, daß ihr berieseltes Land bekommen würdet. Sobald es dort regnet, wird der Mais in die Höhe schießen, als ob jemand daran gezogen hätte.«
»Aber Herr Kommissar, die Erde im Llano ist ausgewaschen, ist hart. Wir glauben nicht, daß der Pflug in diesen Boden eindringen kann, der wie Stein ist. Man müßte mit der Hacke Löcher schlagen, um zu säen, und nicht mal so ist es sicher, daß etwas wachsen würde. Da wird kein Mais wachsen noch sonst irgendwas.«
»Das müßt ihr schriftlich niederlegen. Und jetzt geht! Greift den Großgrundbesitz an, nicht die Regierung, die euch das Land schenkt.«
»Einen Augenblick, Herr Kommissar! Wir haben doch nichts gegen die Behörde gesagt. Nur gegen den Llano ... Was nicht geht, das geht nicht. Das haben wir gesagt ... Nur einen Augenblick, bitte, wir möchten Ihnen das erklären können. Sehen Sie mal, wir wollen mit dem anfangen, was wir eben gesagt haben ...«

Aber er wollte uns nicht anhören.
So hat man uns also dieses Stück Land gegeben. Und auf diesem glühenden Backblech sollen wir Samen aussäen und zusehen, ob irgendwas keimt und wächst. Aber hier wird nichts wachsen. Nicht einmal Aasgeier gibt es hier. Wir sehen sie ab und zu ganz hoch oben, sie fliegen eilig, um nur schnell von diesem weißen versteinten, riesengroßen Stück Erde wegzukommen, wo sich nichts bewegt und wo man wandert, als ginge man rückwärts.
Melitón sagt:
»Das ist die Erde, die man uns gegeben hat.«
Faustino sagt:
»Was?«
Ich sage nichts. Ich denke: Melitón ist nicht recht bei Trost. Das muß die Hitze sein, daß er so was sagt. Die Hitze ist ihm durch den Hut in den Kopf gedrungen. Wie kann er sonst das sagen, was er da eben gesagt hat? Was für Erde hat man uns gegeben, Melitón? Hier gibt es so wenig Erde, daß der Wind gar nichts zum Aufwirbeln hätte, wenn er ein bißchen spielen wollte.
Melitón redet weiter:
»Zu irgendwas wird sie schon taugen. Vielleicht kann man hier Stuten rumlaufen lassen.«
»Was für Stuten?« fragt ihn Esteban.
Ich hatte mir Esteban vorher nicht genau angesehen. Jetzt, wo er spricht, sehe ich ihn mir an. Er trägt einen Poncho, der ihm bis zum Nabel reicht, und unter dem Poncho steckt etwas den Kopf heraus, vielleicht ein Huhn.
Ja, was Esteban da unter seinem Poncho trägt, ist eine rote Henne. Man sieht ihre schlafenden Augen und den Schnabel, der geöffnet ist, als wolle sie gähnen.
»Du, Esteban, wo hast du denn die Henne da aufgegabelt?«
»Das ist meine«, sagt er.
»Die hast du doch vorher nicht gehabt. Wo hast du die denn gekauft? Raus mit der Sprache!«
»Die hab ich nicht gekauft. Die Henne ist von meinem Hof.«
»Hast sie als Proviant mitgenommen?«

»Nein, die hab ich bei mir, um für sie zu sorgen. Mein Haus ist allein, es ist niemand da, der sie füttern kann. Immer, wenn ich weit fort muß, nehm ich sie mit.«
»Da drinnen eingepfercht, wird sie dir ersticken. Nimm sie lieber heraus, an die frische Luft!«
Er nimmt sie unter den Arm und haucht sie mit der heißen Luft aus seinem Mund an. Dann sagt er:
»Wir kommen schon an den Abhang.«
Was er dann noch sagte, kann ich nicht mehr hören. Wir haben uns hintereinander in einer Reihe aufgestellt, um in die Schlucht hinabzusteigen. Und er ist ganz vorne. Man sieht, daß er die Henne an den Füßen festhält und sie alle Augenblicke in die Höhe schwenkt, um ihr den Kopf nicht an den Felsen zerschmettern zu müssen.
Je tiefer wir kommen, desto besser wird die Erde. Staub steigt von uns auf, so, als klettere da eine Herde Maultiere hinunter. Aber es freut uns, daß wir staubig werden. Es freut uns. Nachdem wir elf Stunden lang die Härte des Llanos unter unsern Füßen gespürt haben, ist es sehr angenehm, in dieses Etwas eingehüllt zu sein, das sich auf einen legt und nach Erde schmeckt.
Über dem Fluß, über den grünen Kronen der Casuarinabäume fliegen Schwärme von grünen Baumhühnern. Auch darüber freuen wir uns.
Jetzt hören wir das Hundegebell dicht neben uns, weil nämlich der Wind, der aus dem Dorf herüberweht, gegen die Schlucht prallt und sie mit dem ganzen Lärm von dort erfüllt.
Esteban hat seine Henne wieder unter dem Arm, als wir uns den ersten Häusern nähern. Er löst den Strick von ihren Beinen, damit sie zu sich kommt, und gleich darauf verschwinden er und seine Henne hinter einem Dornengestrüpp.
»Hier ziehe ich ab«, sagt er zu uns.
Wir andern gehen weiter, ins Dorf hinein.
Das Land, das man uns gegeben hat, liegt dort oben.

Juan Rulfo, Mexiko, 1918–1986.

... Ein Ahne
der Aborigines
konnte zugleich
Mensch und
Tier sein.
Diese
Umwandlungen
gingen
hin und her,
je nachdem,
wie es
die Geschichten
der Traumzeit
verlangten.
Alles wurde
aus derselben
Quelle geschaffen –
den Träumen
und den Taten
der großen Ahnen –,
und alle Stufen,
Phasen und Zyklen
waren
in der Traumzeit
gleichzeitig
gegenwärtig ...

Der Boden, der außerhalb des Westtors an die Stadtmauer grenzte, war ursprünglich Allmendgrund gewesen. Ein Weg zog sich hindurch, der von zielstrebigen Füßen ausgetreten worden war, jedoch eine natürliche Trennlinie ergeben hatte. Zur Linken lagen die Hingerichteten und im Gefängnis Verendeten begraben, zur Rechten die Armen. Auf beiden Seiten türmten sich die Gräber übereinander wie Dampfbrötchen anläßlich einer Geburtstagsfeier in begütertem Haus.

In jenem Jahr war es am Qingming-Fest* kälter als sonst. Die Weidenknospen hatten sich erst halb so groß wie Reiskörner hervorgetrieben. Es war noch früh in der Morgendämmerung, als Hua Dama auf der rechten Seite des Wegs bereits vor einem frisch aufgeschütteten Grab vier kleine Teller mit Gemüse und eine Schale Reis unter Tränen aufgereiht hatte. Sie hatte Totengeld verbrannt und saß ganz benommen auf der Erde, als wartete sie auf etwas, doch worauf, war auch ihr verborgen. Ein Lüftchen kam auf und fuhr durch ihr kurzes Haar, das im Laufe des vergangenen Jahres viel weißer geworden war.

Auf dem kleinen Weg kam eine Frau entlang, auch sie halb ergraut und in einem verschlissenen Rock. Sie trug einen alten abgenutzten, rot lackierten runden Korb. Außen hing, an einer Schnur aufgereiht, Papiergeld herab. Sie hielt nach jedem dritten Schritt inne. Plötzlich merkte sie, daß Hua Dama sie vom Boden aus anschaute. Für einen Moment war sie unschlüssig, Schamesröte stieg ihr ins blasse Gesicht. Aber schließlich faßte sie sich, ging entschieden auf ein Grab an der linken Seite zu, wo sie ihren Korb abstellte.

Das Grab lag genau in einer Linie mit dem von Xiaoshuan, nur durch einen schmalen Pfad getrennt. Hua Dama schaute ihr zu, wie sie vier kleine Teller mit Gemüse und eine Schale Reis aufreihte und unter Tränen das Papiergeld verbrannte. »Auch da hat eine Mutter ihren Sohn begraben«, ging es ihr durch den Kopf. Die alte Frau schaute unschlüssig umher. Plötzlich lief ein Zittern durch ihren Körper, sie taumelte einige Schritte zurück, in ihren aufgerissenen Augen lag nichts als die nackte Angst.

Bei diesem Anblick begann Hua Dama, sich um die Frau Sorgen zu machen. Sie folgte einem inneren Drang und erhob sich, um zu ihr hinüberzugehen.

»Gute Frau, seid nicht mehr traurig – gehen wir besser heim!« sagte sie leise.

* *Qingming-Fest: der 12. Tag des 3. Monats (nach dem chinesischen Mondkalender), an dem die Gräber geschmückt und die Verstorbenen verköstigt werden.*

Die Frau nickte abwesend. Ihre weit aufgerissenen Augen waren immer noch starr nach oben gerichtet. Mit gepreßter Stimme sagte sie ebenfalls leise: »Schau – siehst du, was das ist?«

Hua Dama folgte ihrem Blick. Das Grab war noch nicht ganz zugewachsen. Da und dort schaute zwischen den Grasbüscheln besonders unansehnlich ein Fleckchen gelben Lehmbodens hervor. Als sie aufmerksam weiter nach oben schaute, erschrak auch sie unwillkürlich – eine Reihe hellroter Blumen umgab, deutlich erkennbar, die abgerundete Spitze des Grabhügels.

Die Augen der beiden Frauen, im Laufe der Jahre trübe geworden, vermochten die hellroten Blumen noch klar auszumachen. Es waren nicht sehr viele, aber sie bildeten einen runden Kreis; sie wirkten etwas matt, waren jedoch gleichmäßig angeordnet. Hua Dama schaute rasch auf das Grab ihres Sohnes und auch auf die anderen Gräber, konnte aber nur ein paar weiße Blümchen entdecken, die dort, der Kälte trotzend, verstreut blühten. Innerlich empfand sie auf einmal ein Gefühl der Unzulänglichkeit und Leere, dem sie nicht auf den Grund gehen wollte. Die alte Frau trat noch einmal näher, um genauer hinzusehen. Wie zu sich selbst meinte sie: »Sie haben keine Wurzeln, sie sind also nicht hier gewachsen. Wer mag wohl hier gewesen sein? Kinder kommen zum Spielen kaum her. Die Verwandtschaft hat sich nie sehen lassen. Wie ist das nur möglich?« grübelte sie. Plötzlich kamen ihr wieder die Tränen, und laut begann sie zu klagen: »Yu, man hat dir unrecht getan. Du kannst einfach nicht vergessen, so groß ist dein Schmerz. Und heute bist du mir eigens als Geist erschienen. Was willst du mir mitteilen?« Sie schaute sich nach allen Seiten um, konnte aber nur einen Raben auf einem kahlen Baum sehen. Sogleich fuhr sie fort: »Jetzt weiß ich es. Yu, ein Jammer, daß sie dich unter die Erde gebracht haben. Einmal werden sie dafür büßen müssen, der Himmel hat alles gesehen. Schließ nur deine Augen! Wenn du wirklich hier bist, dann höre meine Worte: Laß diesen Raben auf den Gipfel deines Grabhügels fliegen, mir zum Zeichen.«

Bald legte sich der sanfte Wind, das welke Gras stand wie Kupferdraht aufrecht. Die Halme begannen surrend zu zittern, in der Luft bebte etwas, schließlich wurde es schwächer, bis ringsum überall Totenstille herrschte. Die beiden Frauen standen im verdorrten

Gras und schauten zu dem Raben hoch, der wie angegossen und mit eingezogenem Kopf auf dem sich steil aufschwingenden Ast ebenfalls aufrecht zu stehen schien.

Inzwischen war einige Zeit verstrichen, allmählich kamen immer mehr Leute auf den Friedhof, alt und jung, tauchten zwischen den Grabhügeln auf und verschwanden wieder.

Hua Dama wußte nicht, wie, aber ein schweres Joch schien von ihren Schultern genommen. Es fiel ihr ein, daß sie hatte gehen wollen, und sie drängte deshalb: »Gehen wir besser heim.«

Die alte Frau tat einen tiefen Seufzer, niedergeschlagen las sie die Opfergaben auf. Sie hielt noch einen Moment inne, ehe sie sich schließlich langsam auf den Weg machte. »Wie ist das nur möglich? ...« meinte sie zu sich selbst.

Sie waren kaum zwanzig oder dreißig Schritte gegangen, als sie unvermittelt hinter sich den lauten Ruf des Raben vernahmen. Erschrocken wandten sie sich um: Mit ausgebreiteten Schwingen schoß der Rabe wie ein Pfeil in die Ferne des Himmels.

Lu Xun, China, 1881–1936.

... Während die Welt
Form annahm
und sich
mit den Arten
und vielfältigen
Ausgestaltungen
erfüllte,
die sich aus den
Umwandlungen
der Ahnen ergaben,
wurden die Ahnen
müde und gingen
in die Erde,
in den Himmel,
die Wolken und
die Geschöpfe
zurück,
um gleich einer Kraft
in allem
nachzuhallen,
was sie
geschaffen hatten.

Klimaerwärmung Die Durchschnittstemperaturen auf der Erde haben im Laufe der letzten hundert Jahre um 0,6 Grad Celsius zugenommen. Es ist anzunehmen, daß die Temperaturen der letzten Jahre höher lagen als jemals in den letzten 1 000 Jahren. Klimamodelle sagen voraus, daß die mittlere Temperatur bis zum Jahr 2100 weltweit um 1,4 bis 5,8 Grad Celsius ansteigen wird, wenn keine Maßnahmen zur Reduktion der Treibhausgasemissionen ergriffen werden.

Erdöl Am 24. März 1989 kam es mit der Havarie des Öltankers »Exxon Valdez« im Prinz-William-Sund vor der Küste Alaskas zu einer Ölpest bisher ungekannten Ausmaßes. Seitdem sind weltweit rund 30 Ereignisse von der Dimension des »Exxon Valdez«-Unglücks zu verzeichnen.

Biodiversität Nach Abschätzung der Zerstörungsrate der Wälder und anderer Biotope geht man davon aus, daß täglich rund 50 Pflanzen- und Tierarten ausgerottet werden. Wegen der raschen Beschleunigung der Waldvernichtung seit Mitte der siebziger Jahre gehen manche Schätzungen von 100 Arten aus, die täglich verlorengehen.

Bodenverlust Fast ein Viertel der weltweiten Landmasse ist durch Erosion, Austrocknung, Versalzung usw. bedroht. Besonders betroffen sind vor allem die bewässerten Landwirtschaftsflächen in den trockeneren Gebieten der Erde. Rund 43 Millionen Hektar bewässerte Ackerfläche gelten bereits als geschädigt, das ist etwa ein Drittel aller Bewässerungsflächen überhaupt. Die Ausbreitung der Wüsten betrifft rund 250 Millionen Menschen ganz unmittelbar. Die Versorgung einer weiteren Milliarde Menschen in über 100 Ländern ist längerfristig bedroht.

Hunger in der Welt Jeden Tag sterben 24 000 Menschen an den Folgen von Hunger; drei Viertel davon sind Kinder unter 5 Jahren.

Namibia, Kaokoveld. Himba-Mädchen. © Clemens Emmler / laif

USA, Minnesota. Arbeit auf dem Getreidefeld. © Paul Chesley / National Geographic

Peru. Kinder, im Schlamm spielend. © John Cancalosi / National Geographic

Neuguinea, Dolak-Insel. Blick aus dem Weltraum. © NASA/Impact Visuals / laif

Namibia, Wüste an der Skeleton-Küste. Schlange, sich im Sand ringelnd.
© Des & Jan Bartlett / National Geographic

Südkorea, Pyonsanbando-Nationalpark. Die Küste, das Meer, Steine und Tang. © Martin Sasse / laif

Namibia. Asphaltstraße von Aus nach Lüderitz. © Clemens Emmler / laif

Ost-Antarktis, Beacon Valley. Vier Meter große Frost-Polygone. © Maria Stenzel / National Geographic

USA, bei Phoenix, Arizona. Baumwollfelder des Salt-River-Bewässerungsprojekts.
© George Gerster / National Geographic

Großbritannien, bei Monmouth, Wales. Wiesen- und Heckenlandschaft.
© Vincent J. Musi / National Geographic

Mali, Wüstenstadt Gargando. Zelt der Tuareg-Nomaden. © Guenay Ulutuncok / laif

Niederlande, Keukenhof. Tulpenregenbogen mit Gärtner. © Marie-Louise Brimberg / National Geographic

Peru, Nazca. Der Nazca-Kultur (370 v. Chr. bis 450 n. Chr.) zugeschriebene Geoglyphen.
© William A. Allard / National Geographic

Indonesien, Bali. Jahrhundertealte Reisterrassen. © Paul Chesley / National Geographic

Peru. Terrassensaline. © Pablo Corral / National Geographic

Indonesien, Borneo. Regenwald im Gunung-Palung-Nationalpark.
© Timothy G. Laman / National Geographic

Namibia, Kaokoveld. Himba-Mädchen. © Clemens Emmler / laif

USA, New York City. Manhattan mit Müllabladeplatz. © Tomasz Tomaszewski / National Geographic

Namibia, Kaokoveld. Himba-Frauen. © Clemens Emmler / laif

Jemen, Shibam, Wadi Hadramaut. Hochhäuser aus Lehm. © Axel Krause / laif

USA, New York City. Manhattan by Night. © Tomasz Tomaszewski / National Geographic

Brasilien. Megastadt São Paulo. © Stephanie Maze / National Geographic

Mali. Wüstenweide. © Guenay Ulutuncok / laif

Jordanien, Wadi Rum. Wo sich Watt und Sanddüne begegnen.
© Annie Griffiths Belt / National Geographic

Indien, Rajasthan, Udaipur. Straße in Festbeleuchtung. © Peter Bialobrzeski / laif

China. Megastadt Shanghai. © Peter Bialobrzeski / laif

USA, Palouse Hills, Washington. Erntespuren. © George Gerster / National Geographic

Mauretanien, Chinguetti. Lesender Mann in der Wüste. © Olivier Blaise / laif

Sudan, Nubische Wüste. Grabstätten der Meroer Herrscher (310 v. Chr. bis 350 n. Chr.).
© Nicolas Reynard / National Geographic

Indien, Tirumala, Andhra Pradesh. Tempel, Opfer und Gebet. © Gernot Huber / laif

China, Xi'an, Provinz Shaanxi. Krieger aus Terracotta. © O. Louis Mazzatenta / National Geographic

Indonesien, Sulawesi, Toraja. Die hängenden Gräber von Lemo. © Peter Bialobrzeski / laif

Ruanda. Frau mit Kind. © Ursula Meissner / laif

Indonesien, Bali, Legian. Nyepi, das balinesische Neujahrsfest.
© Michael K. Nichols / National Geographic

Australien, Northern Territory. Tanzende Männer im Kakadu-Nationalpark.
© Belinda Wright / National Geographic

Kanada, Northwest Territories. Der Mount Thor im Auyuittuq-Nationalpark.
© Michael K. Nichols / National Geographic

Puerto Rico. Der Caribbean National Forest. © Timothy G. Laman / National Geographic

Chile, Laguna San Rafael. Gletscher San Rafael. © Miguel González / laif

Nepal. Berg Dhaulagiri (8000 m). © Dieter Glogowski / laif

Brasilien, bei Ariquemes, Rondônia. Arbeit in der »Bom Futuro«-Zinnmine.
© Michael K. Nichols / National Geographic

USA, Salt Lake City, Utah. Baggerschaufel der Bingham-Kupfermine. © Joel Sartore / National Geographic

Australien, Weipa, Queensland. Werkstraßen in den Bauxitminen von Weipa.
© Thad Samuels II Abell / National Geographic

USA, Washington D.C. Reichtum der Erde. © Victor Boswell / National Geographic

Sierra Leone, Fluss bei Bo. Diamantensucher. © Andreas Herzau / laif

Aserbaidschan, Baku 1996. Rostende Erdölfördertürme. © Leo Erken / laif

Mauritius, bei Mahebourg. Arbeit in den Zuckerrohrfeldern. © Gernot Huber / laif

Ruanda, Park der Vulkane. Junge zwischen Chrysanthemenblüten.
© Michael K. Nichols / National Geographic

Taiwan. Räumung unbewilligter Behausungen. © Jodi Cobb / National Geographic

Uganda, Mgahinga-Gorilla-Nationalpark. Frauen im Kartoffelacker.
© Michael K. Nichols / National Geographic

USA, bei Harlingen, Texas. Agavenpflanzung. © Joel Sartore / National Geographic

Mexiko, Los Mochis, Sinaloa. Landarbeit. © Wilbure E. Garrett / National Geographic

USA, Bakersfield, Kalifornien. Landarbeit. © Sarah Leen / National Geographic

Sierra Leone, Waterloo. Getreidesammelstelle im Flüchtlingscamp. © Josef Meissner / laif

Japan, Haibara, Honshu-Insel. Frauen beim Teepflücken. © Karen Kasmauki / National Geographic

Pakistan, Region Chitral. Drei Kalash-Frauen beim herbstlichen Erntedankfest.
© George F. Mobley / National Geographic

Peru, bei Cuzco. Heiliges Tal der Inka. © Miguel González / laif

Mali. Frauen mit Kopflasten im Wüstensandsturm. © Guenay Ulutuncok / laif

Papua-Neuguinea, Goroka. Tönerne Masken am jährlichen Stammesfest.
© Jodi Cobb / National Geographic

Griechenland, Thrapsanos, Kreta. Töpferwerkstatt. © National Geographic

Philippinen. Landarbeiter, auf einem Büffel reitend. © Axel Krause / laif

China, Badaling. Die Große Mauer in den Jundu-Bergen. © James L. Stanfield / National Geographic

Jordanien, Petra. Wüstensteingebilde. © Annie Griffiths Belt / National Geographic

Australien, Dippirri-Bucht, Arnhemland. Sandbedeckter Junge, am Strand spielend.
© Penny Tweedie / laif

Textnachweise

Eduardo Galeano, Erinnerung an das Feuer, Bd. 1, Geburten. Aus dem Spanischen von Monka López.
Peter Hammer Verlag, Wuppertal 1983.

Gisèle Pineau, Die lange Irrfahrt der Geister. Roman. Aus dem Französischen von Gunhild Niggestich.
Peter Hammer Verlag, Wuppertal 1995.

Arundhati Roy, Der Gott der kleinen Dinge. Roman. Aus dem Englischen von Anette Grube. Karl Blessing Verlag, München 1997.

Juan Rulfo, Der Llano in Flammen. Erzählungen. Aus dem Spanischen von Mariana Frenk. Carl Hanser Verlag, München 1958.

Yvonne Vera, Eine Frau ohne Namen. Roman. Aus dem Englischen von Hilde Schruff.
Marino bei Frederking & Thaler Verlag, München 1997.

Lu Xun, Applaus. Erzählungen. Hrsg. von Wolfgang Kubin. Aus dem Chinesischen von Raoul Findeisen, Wolfgang Kubin und Florian Reissinger. Unionsverlag, Zürich 1994.

Yusuf Yeşilöz, Reise in die Abenddämmerung. Rotpunktverlag, Zürich 1998.

Quellen

Bibel, Altes Testament, Eberfelder Ausgabe

Der Fischer Weltalmanach 2002, Fischer Taschenbuch Verlag, Frankfurt am Main 2001.

Diercke-Wörterbuch der Allgemeinen Geografie. Deutscher Taschenbuch Verlag, München 1992.

Robert Lawlor: Am Anfang war der Traum. Droemer Knaur Verlag, München 1993.

Maurice Herzog in: Dominik Siegrist: Sehnsucht Himalaya. Alltagsgeografie und Naturdiskurs in deutschsprachigen Bergsteigerberichten. Chronos Verlag, Zürich 1996.

Albert Schweitzer: Gesammelte Werke in fünf Bänden, Bd. 5, Union Verlag (VOB), Berlin (o.J.).

Rudolf von Tavel (1891) in: Andreas Bellasi/Andreas Simmen: »Betrachten oder besitzen«, Tages-Anzeiger-Magazin Nr. 12/1980.

Ernst U. von Weizsäcker: Erdpolitik. Ökologische Realpolitik an der Schwelle zum Jahrhundert der Umwelt.
Wissenschaftliche Buchgesellschaft, Darmstadt 1992.

Worldwatch Institute Report: Zur Lage der Welt 2001. Prognosen für das Überleben unseres Planeten.
Fischer Taschenbuch Verlag, Frankfurt am Main 2001.

Felix Wüsten: »Buckel und Dellen im Meeresspiegel«. Neue Zürcher Zeitung, 9.1.2002.

Weltbericht zu Hunger und Unterernährung 2000. Veröffentlicht von der Ernährungs-und Landwirtschaftsorganisation der Vereinten Nationen (Food and Agriculture Organization of the United Nations, FAO), Rom 2000.

Der Boden als Schnittstelle zwischen Landwirtschaft und Umwelt, Bericht der EU-Kommission für Landwirtschaft, Entwicklung des ländlichen Raums und Fischerei, Juli 1999.

Stefan Zweig: Sternstunden der Menschheit. Vierzehn historische Miniaturen, Fischer Taschenbuch Verlag, Frankfurt am Main 2001.

Die Deutsche Bibliothek – CIP-Einheitsaufnahme

Simmen, Andreas:
Das Blinzeln der Erdfrau : Erde / Andreas Simmen ;
Barbara Willi-Halter. – Zürich : Rotpunktverl., 2002
ISBN 3-85869-242-5

Konzept und Buchgestaltung: Barbara Willi-Halter, Buch & Grafik, Zürich
Textredaktion: Andreas Simmen, Zürich
Bildredaktion: Barbara Willi-Halter
Satz: Buch & Grafik, Zürich
Lithos: dpi, Publishing Service, Zürich
Druck und Bindung: Offizin Andersen Nexö Leipzig

HELVETAS IN KÜRZE

Helvetas wurde 1955 als erste private Entwicklungsorganisation in der Schweiz gegründet. Seit Beginn ihrer Tätigkeit engagiert sich Helvetas in Asien, Afrika und Lateinamerika zusammen mit einheimischen Partnern für eine an den Bedürfnissen der armen Bevölkerungsmehrheit orientierte, nachhaltige Entwicklung. Die langfristig angelegte Zusammenarbeit konzentriert sich im wesentlichen auf drei Bereiche:

— Infrastruktur im ländlichen Raum,
— nachhaltige Nutzung natürlicher Ressourcen,
— Bildung und Kultur.

Auch in der Schweiz setzt sich Helvetas für eine solidarische Entwicklung ein. Dies geschieht durch entwicklungspolitische Arbeit, mit Informations- und Sammelkampagnen, einem vielfältigen kulturellen Angebot und durch den Vertrieb sozial und ökologisch vertretbarer Produkte. Helvetas-Regionalgruppen in allen Landesteilen beteiligen sich aktiv an dieser Arbeit.

Helvetas
Schweizer Gesellschaft für internationale Zusammenarbeit
St. Moritzstrasse 15, Postfach
8042 Zürich
Tel. 01 368 65 00   Fax 01 368 65 80
www.helvetas.ch
helvetas@helvetas.ch

Ritchie Perry

VAMPIR & CO.

Die verrückte Zeitmaschine

Deutsch von Ilse Rothfuss
Illustrationen von Irmgard Paule

SCHNEIDER BUCH

Die Deutsche Bibliothek – CIP-Einheitsaufnahme

Perry, Ritchie:
Vampir & Co : die verrückte Zeitmaschine / Ritchie Perry.
[Übers. aus dem Engl.: Ilse Rothfuss]. – München :
F. Schneider, 1997
ISBN 3-505-10546-5

Dieses Buch wurde auf chlorfreies,
umweltfreundlich hergestelltes
Papier gedruckt. Es entspricht den
neuen Rechtschreibregeln.

First published in 1991 by Hutchinson Children's Books
an imprint of the Random Century Group Ltd, London
Originaltitel: Fenella Fang and the time machine
Übersetzung aus dem Englischen: Ilse Rothfuss
Titelbild und Illustrationen: Irmgard Paule
Umschlaggestaltung: ART-DESIGN Wolfrath, München
Lektorat: Iris Praël
Herstellung/Satz: FIBO Lichtsatz GmbH, München
Druck: Presse-Druck, Augsburg
Bindung: Conzella Urban Meister, München-Dornach
ISBN 3-505-10546-5

Inhalt

Das geheime Labor

Igor schnarchte selig, obwohl es schon halb drei nachmittags war. Er schlief immer um diese Zeit, genau wie sein Herr, der Vampir Samuel Schlürf. Der Meister kroch nie vor Einbruch der Dunkelheit aus seinem Sarg hervor und kehrte erst im Morgengrauen zurück.

Igor war ziemlich hässlich, wahrscheinlich sogar der hässlichste Mensch der Welt. Nichts passte bei ihm zusammen: Arme und Beine waren teils zu kurz, teils zu lang und Nase und Mund rückten auf einer Seite des Gesichts ganz nahe aneinander. An der anderen Seite klebte ein einziges riesiges Ohr, so groß wie eine Radarschüssel.

Igors Kopf war völlig kahl. Er hatte keine Haare, sondern Warzen auf dem Kopf, große und kleine. Sie wucherten neben- und übereinander und waren mit grünem Moder und weißen Schuppenflöckchen bedeckt, sodass sie wie kleine, verschneite Bergkuppen aussahen.

Aber Igor war nicht nur hässlich, er roch auch nicht besonders gut. Um die Wahrheit zu sagen: Er konnte es mit jedem Misthaufen aufnehmen. Das war auch kein Wunder, denn Igor hatte in seinem ganzen Leben noch keine Seife benützt und seine Kleider trug er, bis sie ihm buchstäblich vom Leib abfaulten.

An heißen Tagen wie heute roch Igor ganz besonders schlimm. Sein Gestank zog eine Wespe an, die über ihm herumschwirrte. Sie hatte schon die ganze Blutburg abgeflogen ohne etwas zu essen zu finden. Jetzt war sie so gereizt, dass sie einfach nur noch stechen wollte.

Igor wechselte zwar nie seine Kleider, aber hin und wieder zog er sie aus, wenn es ihm zu heiß wurde. So kam es, dass er splitternackt auf dem Bauch lag, eine ideale Zielscheibe für die wütende Wespe.

Kurz entschlossen ließ sie sich hinuntergleiten und landete vorsichtig auf Igors nacktem Hintern. Der Gestank war atemberaubend, aber die Wespe ließ sich nicht abschrecken. Wenn schon stechen, dann aber richtig, dachte sie. Es dauerte fast zwei Minuten, bis sie etwas Passendes gefunden hatte: eine Stelle auf Igors rechter Hinterbacke, wo er mehrere Schichten Dreck und Schmutz weggekratzt hatte, sodass man fast die Haut darunter sehen konnte. Die Wespe zielte sorgfältig und stach mit aller Kraft zu.

„Aaauuu!“, schrie Igor und war mit einem Schlag hellwach.

„Kleine Zugabe gefällig?“, brummte die Wespe und stach noch einmal zu.

„Auuu!“, schrie Igor wieder. „Aua! Auaaa! Ich bin doch kein Nadelkissen, verflixt nochmal!“

Die Wespe war schnell zur Decke hoch geschwirrt und sah schadenfroh zu, wie Igor auf dem Boden herumtanzte. Ihre schlechte Laune war wie weggeblasen. Sie nahm sich vor in Zukunft öfter mal zur Blutburg zu kommen und Igor zu stechen.

Igor dagegen fand die Sache gar nicht lustig. „Dämliche Wespe!“, schimpfte er. „Wetten, dass ich zwei Tage lang nicht mehr sitzen kann!“

Schlafen konnte er erst recht nicht mehr und so zog er sich zähneknirschend an. Aber was in Dreivampirs Namen sollte er jetzt tun? Es würde noch viele Stunden dauern, bis der alte Samuel aus seinem Sarg hervorgekrochen kam.

Plötzlich hatte Igor eine Idee. Zuerst traute er sich nicht so recht, weil er Angst vor seinem Herrn hatte. Onkel Samuel war zwar der älteste Vampir der Welt und hatte keinen einzigen Zahn mehr im Mund, aber er konnte immer noch ganz schön wütend werden.

Aber der Gedanke ließ Igor trotzdem nicht mehr los und je mehr er darüber nachdachte, desto verlockender erschien ihm die Vorstellung.

Seit über drei Wochen durfte Igor den Keller nicht mehr betreten. Nacht für Nacht musste er mit anhören, wie sein Meister dort unten herumknallte und -polterte. Igor wusste, was das zu bedeuten hatte, denn Samuel Schlürf war der größte Erfinder in der Geschichte der Vampirheit. Er hatte das KDB, das *k*ünstliche *D*osen*b*lut, erfunden. Seither musste kein Vampir mehr in einen widerlichen, schmutzigen Menschenhals beißen um zu überleben.

Einige seiner Erfindungen waren allerdings ziemlich danebengegangen. Igor bekam eine Gänsehaut, wenn er nur daran dachte. Er war derjenige, an dem der Meister seine neuesten Errungenschaften ausprobierte und das war nicht immer die reine Freude. Oft genug war Igor gerade noch mit einem blauen Auge davongekommen. Jetzt bastelte der alte Samuel schon wieder an einer Erfindung herum. Dem Lärm nach musste es etwas ziemlich

Wichtiges sein. Das bedeutete Alarmstufe eins, wie Igor aus bitterer Erfahrung wusste.

Während Igor noch grübelte, hatten ihn seine verschieden langen Beine bereits die Treppe hinunter zu den Verliesen getragen. An der Tür zögerte er einen Augenblick, doch dann nickte er entschlossen mit dem Kopf und wirbelte dabei eine dicke Schuppenwolke in die Luft. Dann streckte er die Hand nach dem Türgriff aus.

„Der Meister steht frühestens in fünf Stunden auf", sagte er sich. „Und selbst wenn er wach in seinem Sarg liegt, kann er mich nicht hören, so stocktaub wie er ist."

Trotzdem schielte Igor ängstlich zu Samuels Sarg hinüber, der mitten im Keller auf seinem Sockel stand. Aber zum Glück war alles so, wie es sein sollte. Der Deckel war zu und Onkel Samuel schnarchte selig.

Igor hielt sich jedoch nicht lange mit dem Sarg auf. Er hatte ein seltsames Gackern gehört, als er in den Keller gekommen war. Das Geräusch kam aus einem kleinen Käfig ganz unten an der Treppe. Doch im Augenblick starrte Igor auf die Bratpfanne, die oben auf dem Käfig stand. Er fragte sich, ob es dieselbe war, die er seit Tagen in der Küche vermisste. Sie hatte genau dieselbe Größe und dieselbe Form, aber irgendwie sah sie anders aus als vorher. Igors Bratpfanne war schwarz mit einem gewöhnlichen Griff. Die hier war grasgrün und hatte statt eines Pfannenstiels ein Hühnerbein. Igor schnappte vor Schreck nach Luft, als er sah, wie die Krallen am Ende des Griffs auf- und zuschnappten. Er rieb sich die Augen, aber es half nichts. Die Pfanne blieb grün und der Hühnerbeingriff machte seine Krallen auf und zu.

„So was", brummte Igor. „Der Meister ist wohl unter die Magier gegangen ..."

Dann schaute er in den Käfig hinein. Jetzt gab es keinen Zweifel mehr für ihn, dass der alte Samuel sich die Zeit mit Hexerei vertrieb. Auch das Huhn da drinnen war vom Kopf bis zum Schnabel grasgrün und eines seiner Beine sah aus wie ein Pfannenstiel.

Aber damit nicht genug. Auf dem Boden neben dem Käfig lagen mehrere seltsame Gegenstände herum: ein Wecker, der wie ein Spiegelei aussah und ein völlig leeres Zifferblatt hatte; eine Tasse mit einem Henkel, der nach innen zeigte, ein kreisförmiges Messer und dergleichen mehr. Diese Gegenstände leuchteten in allen nur denkbaren Grüntönen und das einzig Normale in der Sammlung war ein schwarzer Schuh, der etwas abseits lag.

Das dachte Igor zumindest, bis er genauer hinsah und feststellte, dass der Schuh anstatt Löcher für die Schnürsenkel lauter winzige Augen hatte. Eines zwinkerte ihm schadenfroh zu und Igor fiel fast auf den Hintern vor Schreck. Das grüne Huhn gackerte laut, aber dieses Gackern hörte sich eher wie Gelächter an.

„Das gefällt mir nicht“, brummte Igor vor sich hin. „Das gefällt mir ganz und gar nicht.“

Am allerwenigsten gefiel ihm jedoch die seltsame Konstruktion am Ende des Kellergewölbes. Sie nahm die ganze Wand ein. In der Mitte stand eine große, mannshohe Kiste mit Türen und Fenstern, die von einem Gewirr aus Röhren und Kabeln, aus Hebeln, Knöpfen und Griffen umgeben war. Igor konnte sich beim besten Willen keinen Reim darauf machen. Er wusste nur eins: Die Sache roch nach Ärger. Vorsichtig ging er auf die Kiste zu und spähte durch eines der Fenster hinein. Zuerst dachte er, sie sei ganz leer, bis er eine Orange entdeckte, die mitten auf dem Boden lag. Es war eine ganz gewöhnliche Orange. Igor begriff nicht, wozu sie hier war und was sie mit der Erfindung zu tun hatte.

Igors Blick fiel auf den großen roten Hebel neben der Kiste, der offenbar der Hauptschalter war. Die vielen Zahlen ringsherum sagten Igor gar nichts, denn er konnte weder lesen noch rechnen. Nur eins stand für ihn fest: Um keinen Preis der Welt würde er den roten Schalter anfassen. Er würde überhaupt nichts anfassen, sondern schnurstracks den Keller verlassen.

Leider war Igor nicht der Schnellste. Vor lauter Eile stolperte er über seine eigenen Füße und verlor das Gleichgewicht. Als er die Hand nach einem Halt ausstreckte, bekam er den roten Hebel zu fassen und drückte ihn beim Fallen herunter. Ein lautes Brummen und Summen erfüllte den Keller und die ganze riesige Konstruktion fing zu vibrieren an. Voller Entsetzen schaute Igor zu, wie die Zeiger auf den Mess-Skalen herumsausten. Dann war die Kiste in der Mitte plötzlich in blendendes Licht getaucht, sodass sich Igor die Hand vor die Augen halten musste. Eine Sekunde später musste er sich auch sein einziges Ohr zuhalten, denn das Summen steigerte sich zu einem hohen, nervtötenden Sirren, das ihm durch Mark und Bein ging. Das ganze Kellergewölbe bebte und Igor standen vor Grauen die Haare zu Berge.

„O je, was hab ich nur getan!", stöhnte er. „Der Meister bringt mich um!"

Dann hörte der Spuk genauso plötzlich auf, wie er angefangen hatte. Kein durchdringendes Sirren mehr, kein blendendes Licht und alle Zeiger fielen auf Null zurück. Nur ein leichter Brandgeruch hing noch in der Luft.

Zitternd drehte sich Igor zu Samuels Sarg um. Zum Glück war der Deckel geschlossen und der Meister drinnen schnarchte seelenruhig weiter. Igor schöpfte wieder Hoffnung. Er rappelte sich auf und ging zu der Kiste hinüber. Der brenzlige Geruch war dort noch stärker und als er hineinschaute, sackte Igor das Herz in die Kniekehlen. Die Orange, die vorher auf dem Boden gelegen hatte, war spurlos verschwunden. „Vielleicht war alles bloß Einbildung", versuchte sich Igor zu trösten. „Vielleicht war gar keine Orange da."

Aber es war keine Einbildung: Die Orange war da gewesen, das wusste er ganz genau.

„Vielleicht denkt der Meister, dass die Ratten dran waren", sagte sich Igor noch einmal um sich zu beruhigen. Diese Vermutung war zwar höchst unwahrscheinlich, aber Igor fiel einfach nichts Besseres ein. Im Augenblick gab es ohnehin nur eines: So schnell wie möglich aus dem Keller zu verschwinden und alle verräterischen Spuren zu verwischen. Dazu musste er allerdings den roten Schalter noch einmal anfassen. Igor war nicht gerade glücklich darüber, doch es blieb ihm keine andere Wahl. Oder sollte er dem Meister erzählen, dass die Ratte nicht nur die Orange gefressen, sondern auch noch den Hebel heruntergedrückt hatte?

Ganz vorsichtig legte Igor die Hand auf

den Schalter. Als nichts passierte, drückte er ihn ein winziges Stück hoch. Die Maschine rührte sich nicht. Igor schöpfte Mut und drückte den Hebel noch ein paar Zentimeter weiter hoch. Wieder blieb alles still und er atmete auf. Offenbar hatte sich die Maschine inzwischen abgeschaltet. Kurz entschlossen drückte er den Hebel vollends hoch.

Er wollte sich schon umdrehen, da ging das Summen und Brummen und Sirren und Pulsieren von vorne los, das grelle Licht kam wieder und alle Zeiger spielten verrückt. Diesmal dauerte es noch länger als vorher und Igor war ganz sicher, dass Onkel Samuel aufwachen würde. Aber als alles vorbei war, schnarchte der Meister immer noch. Nichts wie weg, dachte Igor. Aber vorher warf er noch schnell einen Blick in die Kiste.

Die Orange war wieder da. Nur war sie nicht mehr orange, sondern grasgrün, so wie die Bratpfanne, das Hühnchen und die anderen Gegenstände.

Igor kratzte sich ratlos am Kopf. Wozu sollte eine Maschine gut sein, die alle Dinge grün machte? Es wäre doch viel einfacher gewesen, die Sachen anzumalen. Und überhaupt: Wieso war die Kiste so groß, wenn der alte Samuel nichts als Orangen, Bratpfannen und Hühnchen hineinlegte?

„Da würde leicht was Größeres reinpassen“, brummte Igor. „Ich zum Beispiel ...“

Plötzlich überlief es ihn eiskalt.

„Ich zum Beispiel!“, wiederholte er mit zitternder Stimme. „Natürlich ... ich!“

Im nächsten Augenblick stolperte Igor auf die Treppe zu, so schnell ihn seine verschieden langen Beine trugen. Nichts wie weg, dachte er sich, bevor der Meister aufwacht und auch mich noch grasgrün macht!

Fiona Fangzahn lag gemütlich in der Badewanne und ließ sich den kühlen Sand über die Haut rieseln, während sie die neuesten Nachrichten auf *Kanal Vampir* hörte. Sie hatte fast die ganze Nacht damit verbracht, den Staub in der Gruft gleichmäßig zu verteilen und ein paar ausgeleierte Spinnweben neu aufzuhängen. Jetzt ruhte sie von der Arbeit aus. Fiona schöpfte eine Hand voll Sand aus der Wanne, wusch sich den Arm und genoss das schöne, schuppige Gefühl auf der Haut. Auch wenn sie schon dreihundert Jahre alt war – ihre Haut war immer noch jung. Das kam bestimmt daher, dass sie nur den allerbesten, feinsten Sand benützte. Fiona hatte irgendwann einmal gehört, dass die Menschen sich mit Wasser wuschen. Kein Wunder, dass sie so weich und wabbelig waren, dachte Fiona und schüttelte sich vor Ekel. Selbst das dümmste, kleinste Vampirbaby wusste, wie schlecht Wasser für die Haut war.

Die Nachrichten waren zu Ende und jetzt kam Fionas Lieblingssendung, die „Goldenen Vampir-Hits". Sie hörte „Über sieben Särge musst du gehn", „99 Vampir-Zähne", „Wiener Blut" und andere Songs. Der Sand war immer noch schön kühl und sie wollte sich gerade noch einmal zurücklehnen, als sie plötzlich ein Geräusch am Eingang der Gruft hörte. Zuerst dachte sie, es sei eine Ratte. Aber dann merkte sie, dass das Geräusch von jemand Größerem kommen musste.

„Wer ist da?“, fragte sie gereizt.

„Ich bin es, Herrin. Kann ich reinkommen?“

„Augenblick, Igor. Ich sitze in der Badewanne.“

Fiona bürstete schnell den Sand von sich ab und schlüpfte in ein sauberes Leichentuch. Dann ließ sie Igor herein.

„Was in Draculas Namen suchst du hier?“, fragte sie. „Du sollst dich doch um Onkel Samuel kümmern!“

„Er braucht mich nicht, Herrin. Der Meister hat bloß noch seine neue Erfindung im Kopf. Er schließt sich die ganze Nacht im Keller ein. Ich darf nicht mal sauber machen.“

„Aha – und deshalb kommst du mich besuchen?“

„Äh ..., ja, Herrin“, murmelte Igor, aber es klang nicht sonderlich überzeugend.

„Was ist los, Igor?“, fragte Fiona. „Stimmt was nicht?“

„Ich hab Angst, Herrin.“

„Angst? Wer hat dir was getan?“, fragte Fiona grimmig und ihre blutroten Augen glühten. Igor war ihr Freund. Wer ihm etwas Böses tat, bekam es mit ihr zu tun.

„Niemand, Herrin“, sagte Igor. „Ich hab Angst vor der neuen Erfindung des Meisters.“

„Das versteh ich nicht“, sagte Fiona verwirrt.

„Er will bestimmt, dass ich sie ausprobiere“, jammerte Igor. „Das macht er immer so. Und wer weiß, was mir dann passiert.“

„Sei nicht albern“, sagte Fiona. „Du weißt doch, dass Onkel Samuel dir nie was Böses tun würde.“

„Ja, ja, ich weiß – jedenfalls nicht absichtlich“, gab Igor zu. „Aber ich hab Angst vor den Unfällen. Seine Erfindungen funktionieren nicht immer.“

„Das mag ja sein. Aber bis jetzt ist dir doch nie was Schlimmes passiert, oder?“, sagte Fiona.

„O doch, Herrin. Schon oft. Erinnerst du dich noch an den Wärmeregulator? Da war ich vier Tage in einem Eisblock eingeschlossen.“

„Stimmt, aber du bist ja nachher gleich wieder aufgetaut.“

„Nein, Herrin. Ich hab zwei Wochen lang gezittert. Und weißt du noch, wie der Meister mich von den Zinnen runtergeworfen hat?"

„Er hat dich nicht einfach runtergeworfen. Du hast einen Sicherheitslandegurt getragen."

„Aber er hat nicht funktioniert, Herrin. Ich bin fast im Teich ertrunken. Und dann das eine Mal ..."

„Schon gut, Igor. Erspar mir den Rest", sagte Fiona. Sie fand zwar immer noch, dass Igor ziemlich übertrieb, aber besonders viel Glück hatte er nicht gehabt, das musste sie zugeben. „Was ist das überhaupt für eine Erfindung?"

„Ich weiß nicht, Herrin. Der Meister hat bis jetzt kein Wort darüber gesagt."

„Warum hast du dann solche Angst? Es kann doch sein, dass die neue Erfindung ganz harmlos ist. Und vielleicht musst du sie gar nicht ausprobieren ..."

„O doch, Herrin. Da bin ich ganz sicher. Ich habe so ein Gefühl ... Es ist bloß eine Vermutung, aber ich glaube, der Meister hat eine Maschine erfunden, mit der er mich grün machen und mein Bein in einen Bratpfannenstiel verwandeln kann."

„Aber warum sollte er so was tun?", fragte Fiona. Sie hätte am liebsten laut gelacht, wenn

Igor nicht so unglücklich ausgesehen hätte.

„Ich weiß nicht, Herrin. Ich hab es in einem Traum gesehen."

„Das hast du dir bestimmt nur eingebildet, Igor", sagte Fiona.

„Aber was ist dann mit den anderen Sachen im Keller? Die waren auch alle grün!"

„Keine Ahnung. Aber mach dir keine Sorgen, Igor. Ich fliege jetzt zu Onkel Samuel und frage ihn, was das alles zu bedeuten hat."

„Nein, Herrin – bitte nicht!", heulte Igor verzweifelt auf. „Wenn der Meister merkt, dass ich an seiner Erfindung war, bin ich so gut wie tot ..."

„Lass mich nur machen, Igor. Du gehst jetzt in die Blutburg zurück und ich komme morgen Nacht rüber. Ich sag natürlich kein Wort über dich. Ich frag ihn nur, woran er gerade arbeitet. Zufrieden?"

„Danke, Herrin", sagte Igor und sabberte vor lauter Dankbarkeit, als er Fiona die Hand küsste. „Vielen, vielen Dank ..."

Fiona schubste ihn sanft aus der Gruft hinaus. Es war höchste Zeit, dass sie in ihren Sarg kam.

Ein gefährliches Experiment

Die Blutburg, die hoch über den Wäldern aufragte, war schon immer Fionas zweites Zuhause gewesen. Als Kind hatte sie nächtelang in den dunklen Verliesen gespielt. An Fionas hundertstem Geburtstag hatte Onkel Samuel ein großes Fest auf der Burg gegeben, bei dem sie ihr erstes langes Leichentuch getragen hatte. Jetzt kreiste sie lächelnd über dem alten Gemäuer und ihre großen Zähne glitzerten im Mondlicht.

Igor hatte auf der Burgmauer auf sie gewartet und winkte zu ihr hoch. Fiona winkte zurück, bevor sie hinunterschoss und federleicht neben ihm aufsetzte.

„Wo ist Onkel Samuel?“, fragte sie.

„Der Meister ist noch in seinem Sarg“, sagte Igor. „Ich dachte, ich lass ihn schlafen, bis du kommst.“

„Gut, dann weck ich ihn jetzt selber auf“, verkündete Fiona und stieg die Wendeltreppe hinunter.

„Das geht nicht, Herrin“, keuchte Igor, der mühsam hinter ihr hergehumpelt kam. „Der Meister ist stocktaub – du kannst stundenlang auf seinen Sarg hämmern, ohne dass er was hört.“

„Und wie machst du das, wenn du nicht mal in den Keller runter darfst?“, fragte Fiona.

„Mit meinem ROTZ, Herrin.“

„Mit deinem was? Igitt, Igor!“

„Wieso, Herrin? Das ist doch bloß eine

neue Erfindung – der *r*adikal *o*ffensive *T*raumzerstörer ...“

„Tz, tz“, zischte Fiona kopfschüttelnd. „Und wie funktioniert so ein ..., äh, du weißt schon, was?“

„Ich zeig’s dir gleich, Herrin. Es ist ganz einfach. Du musst nur hier draufdrücken.“

Sie standen jetzt vor der Tür zu den Kellergewölben und Igor zeigte auf eine große Schalttafel an der Wand.

„Und was passiert dann?“, wollte Fiona wissen.

„Das wirst du gleich sehen, Herrin. Du musst nur in den Keller gehen – sag mir Bescheid, wenn du unten bist.“

Fiona stieg die Treppe hinunter und schloss die Kellertür hinter sich. Bevor sie zu Onkel Samuels Sarg ging, blieb sie einen Augenblick unten an der Treppe stehen und betrachtete die seltsamen Gegenstände, die dort versammelt waren. Das grüne Hühnchen mit dem Bratpfannenstiel-Bein gackerte sie an.

Es war alles so, wie Igor es beschrieben hatte. Ob er vielleicht doch Recht hatte? Aber warum sollte Onkel Samuel eine Maschine erfinden, die Dinge erst verschwinden ließ und dann grün machte?

Es gab nur eine Möglichkeit es herauszufinden: Sie musste Onkel Samuel fragen. Kurz entschlossen marschierte sie zu dem Sockel mit dem Sarg hinüber. Dann rief sie zu Igor hoch, dass sie bereit sei.

Zuerst passierte gar nichts. Fiona wollte gerade noch einmal rufen, als plötzlich der Sargdeckel aufknarzte und der schnarchende Onkel Samuel zum Vorschein kam. Im nächsten Moment schwirrten Zugseile über Fionas Kopf herum und dann schwebte ein Eisenstab von der Decke herunter. Am Ende des Stabs war eine künstliche Hand befestigt, ebenfalls aus Eisen, und in der Hand steckte eine große Feder. Sobald die Hand über dem offenen Sarg war, bewegte sich die Feder und kitzelte Onkel Samuel in der Nase. Es dauerte nicht lange, bis er nieste. Dann nieste er noch einmal, diesmal kräftiger, und schlug die Augen auf. Er merkte nicht gleich, dass Fiona neben ihm stand, aber als er sie entdeckte, strahlte er über sein ganzes altes Vampirgesicht.

„Fiona! Wie ... Haaatschiii! Wie schön ..., haaatschiii, dass du da bist ... Hatschi!"

Onkel Samuel drückte auf einen kleinen Knopf im Sarg. Die Feder hörte sofort auf zu kitzeln und die Hand schwebte wieder zur Decke hoch. Onkel Samuel setzte sich auf und knabberte zärtlich an Fionas Hals. „Lass mir noch einen Augenblick Zeit, ich bin gleich fertig", sagte er.

Während Onkel Samuel sich zurechtmachte, schlenderte Fiona zu der Maschine am anderen Ende des Kellergewölbes hinüber. Auch hier war alles genauso, wie Igor es beschrieben hatte. Sie spähte in die Kiste hinein, doch die war leer. Nicht einmal eine grüne Orange war zu sehen.

„Großartig, nicht wahr?", sagte Onkel Samuel, der schnell in ein sauberes Leichentuch geschlüpft war und jetzt zu Fiona herüberkam.

„O ja", sagte Fiona. „Aber was ist es denn?"

„Meine größte Erfindung, Kind. Jahrhundertelang habe ich daran gearbeitet und jetzt ist sie endlich fertig."

„Und was macht man damit?"

„Alles zu seiner Zeit", sagte Onkel Samuel

und lächelte so breit, dass man seinen zahnlosen Kiefer sehen konnte. „Igor soll es auch hören. Der arme Kerl platzt bestimmt schon vor Neugierde. Jeder andere hätte mir nachspioniert und hier unten herumgeschnüffelt, aber Igor nicht. Er ist eben ein treuer und ehrlicher Diener, nicht wahr, meine Liebe?"

Wie die meisten Vampire konnte Fiona nicht lügen und so grunzte sie nur statt einer Antwort. Der „treue und ehrliche Diener" hatte die ganze Zeit an der Tür gelauscht. Dann aber hörte er den Meister kommen und machte sich schleunigst aus dem Staub. Als Onkel Samuel und Fiona heraufkamen, hantierte Igor geschäftig in der Küche und richtete einen Teller mit Krötenleber-Pastetchen für Fiona her. Zum Trinken gab es eisgekühltes KDB und als Nachtisch einen prächtigen Tollkirschen-Pudding.

„Mm ..., das sieht köstlich aus", schwärmte Onkel Samuel. „Aber ich hab auch eine Überraschung für dich, Igor. Setz dich doch einen Augenblick, damit ich mit dir reden kann ..."

Onkel Samuel griff in seine Tasche und

holte seine falschen Fangzähne hervor. Fiona und Igor schauten sich an. Die Zähne taugten vielleicht zum Essen, aber beim Reden waren sie eine Katastrophe. Wenn Onkel Samuel sie im Mund hatte, verstand man kein Wort von dem, was er sagte.

„Ich muss erst noch die Küche sauber machen, Meister", sagte Igor schnell. „Reden können wir ja später."

„Genau", stimmte Fiona zu. „Ich bin schon halb lebendig vor Hunger."

„Arwo gut", mümmelte Onkel Samuel. „Imbin au humig."

Igor zwinkerte Fiona über Onkel Samuels Schulter zu, als er in die Halle hinaushinkte. Manchmal war es ganz schön anstrengend ein Vampirdiener zu sein.

„So", sagte Onkel Samuel und lehnte sich in seinem Stuhl zurück. Seine Zähne waren wieder in der Tasche und Igor hatte sich mit an den Tisch gesetzt. „Zuallererst muss ich euch etwas verraten: Ich schreibe ein Buch."

„Ein Buch, Onkel Samuel?"

„Ein Buch, Meister?", echote Igor.

2 10546-4

Nicht, dass Igor viel von Büchern verstanden hätte, aber eines wusste selbst er: Mit Büchern hatte die rätselhafte Erfindung im Keller rein gar nichts zu tun.

„So ist es – ein Buch", wiederholte Onkel Samuel und freute sich diebisch über die verdutzten Gesichter. „Beowulf Biss, ein Redakteur von der *Allgemeinen Vampirzeitung*, hat mich auf die Idee gebracht. Er sagt, es sei eine Schande, dass es keine Geschichte der Vampire gibt. Die Menschen haben Tausende von Büchern über ihre Vergangenheit. Und wir? Rein gar nichts. Da hab ich mir gedacht: Ich bin der älteste Vampir der Welt und meine Erinnerungen reichen am weitesten zurück. Also muss ich das Buch schreiben."

„Bravo, Onkel Samuel!", rief Fiona begeistert. „Das ist eine tolle Idee."

„Leider gibt es da ein kleines Problem. Du weißt ja, mein Gedächtnis ist nicht mehr das beste. Und es wird von Tag zu Tag schlechter."

„Du musst dich ja nicht an alles selbst erinnern", meinte Fiona. „Frag einfach ein paar andere alte Vampire."

„Das habe ich auch vor, aber auf ihr Gedächtnis ist auch nicht hundertprozentig Verlass. Deshalb habe ich eine Maschine erfunden, mit der ich alles nachprüfen kann, was ich aufschreibe."

„Wie das, Meister?", wollte Igor wissen.

„Einfach war es nicht, Igor. Es ist wie gesagt meine größte Erfindung. Eigentlich hab ich schon vor fünfhundert Jahren damit angefangen, nur hat es damals nicht richtig funktioniert. Irgendwann hab ich's dann aufgegeben. Aber jetzt ist es soweit. Bald kann ich das aufregendste Geschichtsbuch aller Zeiten schreiben."

„Jetzt sag schon, Onkel Samuel – was ist das für eine Erfindung?", beharrte Fiona.

„Das erkläre ich euch unten im Keller. Igor, nimm deinen Stuhl mit!"

„Ich stehe gern, Meister."

„Doch nicht für dich, du Dummkopf. Ich brauche ihn zur Demonstration. Los, kommt!"

Onkel Samuel war mindestens so aufgeregt wie Fiona, als er vor ihr die Kellertreppe hinunterstieg. Igor humpelte mit seinem schweren Stuhl hinterher. Er war nicht aufgeregt: Er hatte Angst – noch viel mehr als vorher, falls das überhaupt möglich war.

„Und nun ratet mal, was das ist“, sagte Onkel Samuel, als sie im Keller vor seiner Erfindung standen. Weder Fiona noch Igor wussten eine Antwort.

„Ich habe keine Ahnung, Onkel Samuel“, gab Fiona zu.

„Dann will ich euch ein bisschen auf die Sprünge helfen“, schmunzelte Onkel Samuel. „Siehst du die große Kiste in der Mitte, Igor? Das ist der Kontrollraum. Stell jetzt deinen Stuhl da rein.“

„Muss das sein, Meister?“, jammerte Igor. Er wollte der schrecklichen Maschine nur ja nicht zu nahe kommen.

„Nun mach schon!“, sagte Onkel Samuel. „Stell den Stuhl in den Kontrollraum und komm wieder her.“

Widerwillig gehorchte Igor. In ein paar Sekunden war er wieder zurück.

„Ausgezeichnet“, lobte Onkel Samuel seinen Diener und rieb sich die Hände. „Fiona, du kannst jetzt den roten Hebel runterdrücken."

„Den da?", fragte Fiona und streckte die Hand aus.

„Ja, genau – ganz runterdrücken."

Fiona tat, was er sagte, und die Maschine wurde lebendig, so wie Igor es zuvor beschrieben hatte. Während Fiona wie gebannt zuschaute, rannte Onkel Samuel herum, kontrollierte die Mess-Skalen und zog hier und da eine Schraube fest. Schließlich stand die Maschine still und es kehrte wieder Ruhe im Keller ein. Nur das Hühnchen gackerte leise vor sich hin.

„So, meine Liebe, jetzt schau mal in den Kontrollraum. Du auch, Igor. Und sagt mir, was ihr dort seht."

Fiona schaute durchs Fenster, aber da war kein Stuhl mehr zu sehen. Er war weg – spurlos verschwunden.

„Der Stuhl ist verschwunden", sagte sie.

„Genau. Begreifst du jetzt, wozu meine Erfindung gut ist?"

„Tut mir leid, Onkel Samuel, ich hab immer noch keine Ahnung."

„Ich hab's!", verkündete Igor plötzlich. „Du willst als Zauberer auftreten. Und das ist einer von deinen Tricks."

„Dummes Zeug", fauchte Onkel Samuel und wenn Fiona nicht im Weg gewesen wäre, hätte er Igor wahrscheinlich die Ohren langgezogen. „Ich bin Samuel Schlürf, der größte Erfinder der Vampirheit, und kein billiger Jahrmarktzauberer! Ich gebe euch jetzt einen letzten Tipp. Kommt zurück und stellt euch neben mich."

Onkel Samuel drückte den Hebel hoch und die Maschine lief wieder an. Als alles vorbei war, mussten Fiona und Igor wieder in den Kontrollraum schauen. Sie waren beide nicht sonderlich überrascht darüber, dass der Stuhl wieder da war, grasgrün gefärbt wie die anderen Sachen. Trotzdem konnte sich Fiona noch immer keinen Reim auf diese seltsamen Vorgänge machen. Igor kassierte einen wütenden Blick von Onkel Samuel, als er sagte, der Meister hätte die Maschine wahrscheinlich erfunden um grüne Farbe zu sparen.

„Du enttäuschst mich, Fiona", sagte Onkel

Samuel. „Ich war ganz sicher, dass du es erraten würdest. Das gute Stück hier ist ein TRIP – ein *T*ransport-*I*nversions-*P*rojektor."

„Ein was?"

„Eine Zeitmaschine, meine Liebe. Der Stuhl war nicht verschwunden. Er hat nur eine Reise in die Vergangenheit gemacht und dann hab ich ihn wieder zurückgeholt. Wie du siehst, funktioniert der TRIP perfekt. Ich hatte lange Zeit Probleme damit, aber jetzt ist alles in Ordnung."

„Und das Hühnchen, Meister?", fragte Igor.

„Was für ein Hühnchen?"

„Das Hühnchen, das einen Bratpfannenstiel als Bein hat."

„Das war einer meiner ersten Versuche. So was kommt jetzt nicht mehr vor."

Igor wollte noch sagen, dass der Stuhl grasgrün zurückgekommen war, aber Onkel Samuels Blick ließ ihn verstummen. Außerdem kam ihm Fiona zuvor.

„Mir gefällt deine Maschine, Onkel Samuel", sagte sie begeistert. „Wie weit kann man damit in die Vergangenheit zurückreisen?"

„So weit ich will, Fiona. Ich muss nur die Zeitschalter entsprechend einstellen."

„Und kann man damit auch in die Zukunft reisen?", wollte Fiona wissen.

„Nein, Fiona. Und das will ich auch gar nicht", erwiderte Onkel Samuel und schüttelte energisch den Kopf. „In die Vergangenheit zu reisen ist eine Sache – da erlebt man nur Dinge, die bereits geschehen sind. Mit der Zukunft ist das etwas ganz anderes ..."

„Und der Stuhl, Meister?", fragte Igor. „Wie weit hast du ihn zurückgeschickt?"

„Nur ein Jahr."

„Woher weißt du das, Meister?"

„Weil ich die Zeitschalter so eingestellt habe." Onkel Samuel zeigte auf die Schalttafeln neben dem roten Hebel.

„Aber wie kannst du da sicher sein, Meister? Der Stuhl ist verschwunden und wieder zurückgekommen, aber er kann dir nicht sagen, wo er war."

„Heiliges Leichentuch, jetzt hör aber auf", fauchte Fiona und funkelte Igor so Furcht erregend an, dass er schleunigst von ihr abrückte. „Schließlich ist das Onkel Samuels Erfindung. Wenn er sagt, dass es so ist, wird es schon stimmen.“

„Danke, Fiona“, sagte Onkel Samuel. „Aber Igor hat ausnahmsweise mal Recht. Der Stuhl kann nicht sagen, wo er war, genauso wenig wie die anderen Dinge, mit denen ich meinen TRIP getestet habe. Meinen Berechnungen nach wurden sie alle um ein Jahr zurückversetzt. Aber sicher sein kann ich erst, wenn jemand in die Vergangenheit reist, der mir hinterher Bericht erstatten kann. Das wird mein nächster Versuch sein.“

„Du meinst, du willst die Maschine an dir selbst testen, Onkel Samuel?“

„Das würde ich gerne tun, Fiona. Aber ich fürchte, ich kann nicht. Bei den ersten Personentests muss ich unbedingt hier an der Schaltstelle bleiben, falls etwas schief geht. Außerdem muss ich erst den Kontrollraum vergrößern, denn für einen ausgewachsenen Vampir ist er ein bisschen zu eng.“

„Und wer, Meister“, sagte Igor, der ganz plötzlich leichenblass unter seinen dicken Schmutzschichten geworden war, „wer soll dann die Maschine testen?“

„Wer immer es auch ist, Igor, er wird in allen Geschichtsbüchern stehen“, sagte Onkel Samuel. „Bis jetzt ist noch keiner – ob Mensch oder Vampir – in die Vergangenheit gereist.“

„Aber wer, Meister ..., wer ist es?“, fragte Igor mit zitternder Stimme.

„Wahrscheinlich werden sogar Balladen auf ihn gedichtet“, fuhr Onkel Samuel fort, als hätte er nichts gehört. „Und Lieder, in denen sein Mut und seine Tapferkeit gerühmt werden. Und ...“

„Bitte, Meister, ich will nur wissen, wer es ist. Bitte!“

„Igor, alter Freund“, sagte Onkel Samuel gerührt und legte einen Arm um Igors Schultern, „solange ich denken kann, hast du mir treu und ehrlich gedient. Jetzt sollst du dafür belohnt werden. Ich mache dich berühmt.“

„Ich hab’s doch gewusst“, jammerte Igor. „Ich hab doch gewusst, dass ich das Versuchskaninchen bin.“

Und dann warf er sich der Länge nach hin, sehr zum Erstaunen der beiden Vampire, und begann mit dem Kopf gegen den Boden zu hämmern. Der Steinfußboden hatte bereits eine kleine Delle, als Fiona sich herunterbeugte und Igor wieder auf die Füße stellte.

„Hast du nicht gehört, Igor?“, sagte sie. „Onkel Samuel hat gesagt, er macht dich berühmt!“

„Ich weiß, Herrin“, heulte Igor verzweifelt. „Ich weiß, dass ich berühmt sein werde – als der einzige Mensch mit Federn am Leib und einer Bratpfanne als Gesicht!“

„Was in aller Welt redest du da?“, rief Onkel Samuel entrüstet. „Du glaubst doch nicht, dass ich dich meinen TRIP testen lassen würde, wenn ich nicht wüsste, dass er absolut sicher ist! Nie und nimmer! Du bist mir viel wichtiger als jedes Geschichtsbuch.“

„Wirklich, Meister?“ Igor schämte sich jetzt ein bisschen. „Natürlich, du Dummkopf. Ich dachte, du weißt das – und vertraust mir!“

„Das tu ich ja auch, Meister, wirklich!“

„Wenn das so wäre, würdest du nicht so ein Theater machen, Igor!“

„Aber ..., aber ..., ich hab einfach Angst“, stammelte Igor.

„Angst?“, fragte Onkel Samuel erstaunt. „Wovor in Draculas Namen hast du Angst? Schau, ich zeige dir, wie sicher der TRIP ist. Sag mir, was ich in die Vergangenheit zurückschicken soll. Was immer es auch ist, ich verspreche dir, dass es unverändert zurückkommt.“

In den nächsten paar Minuten testete Onkel Samuel seine Erfindung mit Fionas Klauenfeile, einem altbackenen Sandwich, das Igor in einer seiner Taschen gefunden hatte, und mit einem Skelett, das seit mehreren Jahrhunderten in einer Ecke des Kellers vor sich hin moderte. Auf Igors Drängen schickte er sogar das Skelett und das Sandwich zusammen in die Vergangenheit. Beide kamen unversehrt wieder zurück.

„Siehst du, Igor“, triumphierte Onkel Samuel. „Ich hab dir ja gesagt, dass du dir keine Sorgen machen musst.“

„Da ist noch eine winzige Kleinigkeit, Meister“, fing Igor vorsichtig an.

„Was denn?“, fragte Onkel Samuel.

„Also ..., wenn du mich fragst, Meister – es stimmt nicht, dass alles so zurückkommt, wie es war. Und ich will nicht grasgrün sein, so wie die anderen Sachen ...“

„Wieso nicht?“, sagte Fiona entrüstet. „Grün ist eine wunderbare Farbe. Ich liebe Grün, wie alle Vampire ...“

„Ich bin aber kein Vampir, Herrin. Ich bin ein Mensch und keine wandelnde Stachelbeere. Ein Mensch soll rosig aussehen, nicht grün ...“

„Du bist aber nicht rosig, Igor“, wandte Fiona ein. „Du bist schmutzig grau.“

„Wie auch immer“, mischte sich Onkel Samuel ein, „die grüne Farbe hält sich sowieso nicht lang. Sie verblasst innerhalb von ein paar Nächten. Dann ist alles wieder, wie es war. Zufrieden, Igor?“

„Ja, Meister. Danke.“

„Dann freust du dich also, dass du die Maschine testen darfst?“, fragte Fiona.

„Nein, ich freue mich überhaupt nicht“, plärrte Igor los. Er war jetzt wirklich den Tränen nahe. „Ich hab immer noch Angst.“

„Mein lieber Junge“, sagte Onkel Samuel und legte seinen Arm um Igors Schultern, „wenn du willst, kann ich dir einwandfrei beweisen, dass dir nichts, aber auch gar nichts passieren kann.“

„Und wie willst du das anstellen, Meister?“, fragte Igor misstrauisch.

„Ganz einfach.“ Onkel Samuel, der immer noch seinen Arm um Igors Schultern liegen hatte, schubste seinen Diener unauffällig zum Kontrollraum hinüber. „Du bist hier, heil und gesund, stimmt’s? Also kann dir auch nichts Schlimmes passieren, wenn du in meinem TRIP auf eine kleine Reise gehst.“

Igor runzelte die Stirn, während er vergeblich herauszufinden versuchte, was Onkel Samuel meinte. Vor lauter Anstrengung sah er noch hässlicher aus als sonst und sein Kopf tat ihm weh. Darüber hinaus wirkten Onkel Samuels Worte nicht auf ihn.

„Das versteh ich nicht, Meister“, sagte er.

„Es ist aber ganz einfach“, versicherte Onkel Samuel. Inzwischen hatten sie den Kontrollraum erreicht und Onkel Samuel öffnete die Tür. „Du bist hier, Igor, oder?“

„Ja, natürlich, Meister.“

Igor hatte immer noch keine Ahnung, wovon Onkel Samuel redete. Kein Wunder, denn Denken war für ihn ungefähr genauso schwierig wie Fliegen für einen Elefanten.

„Und du bist heil und gesund, stimmt's?"
„Ja, Meister."
„Dir fehlt nichts, oder?"
„Nein, Meister."
„Siehst du, das sag ich doch", triumphierte Onkel Samuel. „Wenn dir jemals auf einer Reise in die Vergangenheit etwas zugestoßen wäre, dann wärst du jetzt nicht hier – oder zumindest nicht heil und gesund. Hab ich Recht?"
Allmählich dämmerte Igor, was Onkel Samuel sagen wollte. „Aber kann es nicht genau umgekehrt sein, Meister?", fragte er. „Kann es nicht sein, dass ich heil und gesund bin, weil ich noch nie in deine Zeitmaschine gestiegen bin?"
„Dummes Zeug, Igor", sagte Onkel Samuel und gab Igor einen Klaps auf die Schulter, der ihn mitten in den Kontrollraum hineinkatapultierte. „Ich weiß, dass du mich nicht im Stich lässt."
Bevor Igor etwas sagen konnte, hatte Onkel Samuel die Tür zugemacht und den Riegel vorgeschoben. Dann drehte er sich um und ging zu Fiona zurück.

„Siehst du, ich hab doch gewusst, dass Igor Vernunft annimmt, wenn ich ihm die Sache erkläre“, sagte er.

„Ich weiß nicht, Onkel Samuel“, meinte Fiona zweifelnd. „Ich glaube, Igor will dir was sagen.“

„Wirklich?“ Onkel Samuel spähte über die Schulter zum Kontrollraum hinüber. Igor stand an einem der Fenster und hämmerte mit den Fäusten gegen die Glasscheibe. Sein Mund bewegte sich verzweifelt, aber kein Ton drang heraus, denn die Wände des Kontrollraums waren schalldicht.

„Ach“, sagte Onkel Samuel. „Ich glaube, Igor ist jetzt einfach nur aufgeregt. Wahrscheinlich will er mir sagen, wie stolz er darauf ist, dass ich gerade ihn ausgewählt habe.“

„Bist du sicher, Onkel Samuel?“ Fiona war zwar kein Experte im Lippenlesen, aber ihr kam es so vor, als ob Igor die ganze Zeit „Lass mich raus! Lass mich raus!“ brüllte.

„Ja, ja, bestimmt“, meinte Onkel Samuel. „Ich kenne doch meinen guten alten Igor. Aber jetzt dürfen wir ihn nicht länger warten lassen ...“

Onkel Samuel beugte sich vor und studierte die Schalttafeln. Er drehte noch an ein paar Knöpfen und Hebeln, dann richtete er sich zufrieden auf.

„Wie weit schickst du Igor zurück?“, wollte Fiona wissen.

„Nur ein Jahr, so wie bei den anderen Experimenten.“

„Aber du hast doch gesagt, dass du gar nicht genau weißt, ob die Maschine richtig eingestellt ist?“

Onkel Samuel antwortete nicht gleich. Dann lächelte er und schaute ein bisschen verlegen drein.

„Das stimmt, Fiona. Meinen Berechnungen nach reist Igor ein Jahr in die Vergangenheit zurück. Aber ganz sicher bin ich nicht. Ich muss wohl in Zukunft die Zeitschalter ein bisschen genauer einstellen.“

„Dann könnte es also sein, dass Igor nicht ein Jahr, sondern fünf Jahre in die Vergangenheit zurückreist?“

„Ja – sogar noch weiter“, gab Onkel Samuel fröhlich zu. „Das kann er uns ja erzählen, wenn er wieder zurück ist. Wünsch ihm eine gute Reise!“

Im nächsten Moment drückte Onkel Samuel den roten Hebel herunter und die Maschine wurde lebendig. Als sie endlich stillstand, klebte Igors Gesicht nicht länger an der Fensterscheibe des Kontrollraums. Er war verschwunden, weit weg auf seiner Reise in die Vergangenheit.

„Alles grufti“, sagte Onkel Samuel. „Ich glaube, wir lassen Igor lieber nicht zu lange auf seinem ersten Trip. Ich gebe ihm noch ein paar Schnapper, also ein paar Vampirminuten, dann hole ich ihn zurück.“

„Hoffentlich ist ihm nichts passiert“, sagte Fiona.

„Nein, nein – keine Sorge“, versicherte Onkel Samuel.

Und er hatte Recht. Nachdem er den Hebel wieder hochgedrückt hatte und die Maschine zum Stillstand gekommen war, tauchte Igor wieder auf. Er war zwar grasgrün und hatte die Augen fest zugekniffen, aber sonst fehlte ihm offenbar nichts. Fiona rannte zum Kontrollraum hinüber und riss die Tür auf, doch Igor rührte sich nicht. Er blieb am Fenster stehen, als ob er dort Wurzeln geschlagen hätte.

„Alles in Ordnung, Igor?", fragte Fiona besorgt.

„Ja, Herrin", antwortete Igor. „Ich warte nur."

„Warten – worauf?"

„Dass der Meister die Maschine anstellt."

„Das hat er doch längst getan, du Dummkopf!" Fiona lachte vor Erleichterung. „Du warst in der Vergangenheit und jetzt bist du schon wieder zurück!"

„Wirklich, Herrin?" Igor machte vorsichtig ein Auge auf und schaute sich um. Dann hob er seine rechte Hand und starrte sie an.

„Ja", sagte er unglücklich. „Ich sehe es: Ich bin grün."

„Grün steht dir gut", sagte Fiona. „Du siehst sehr hübsch aus. Komm jetzt, Onkel Samuel möchte mit dir sprechen."

Onkel Samuel schlang gerührt seine Arme um Igor und knabberte ein bisschen an seinem Hals.

„Gut gemacht, alter Freund!", rief er. „Wir haben es geschafft, Igor – wirklich geschafft!

Und wie fühlt man sich als erster Mensch, der in die Vergangenheit gereist ist?"

„Ich ..., ich weiß nicht, Meister", stammelte Igor verlegen. Er war es nicht gewöhnt, dass so viel Wirbel um ihn gemacht wurde.

„Schon gut, Igor. Ich glaube, du musst jetzt erst mal zu dir kommen", meinte Onkel Samuel. „Warte einen Augenblick! Ich hole schnell Papier und Bleistift, damit ich alles aufschreiben kann."

Onkel Samuel kramte eilig seine Schreibsachen aus einer Schublade im Sarg hervor, dann stürzte er zu Igor zurück.

„Also, Igor", keuchte er. „Als Erstes möchte ich gern wissen, was du während der Reise gefühlt hast."

„Nichts, Meister. Ich hab ja gar nicht gewusst, dass die Maschine schon angestellt war."

„Hast du gar kein komisches Gefühl gehabt?"

„Nein, Meister."

„Ausgezeichnet", sagte Onkel Samuel und kritzelte etwas in sein Notizbuch. „Ich hatte nämlich Angst, dass die Reise in meinem TRIP vielleicht ein bisschen unangenehm sein könnte. Aber das ist ja offenbar nicht der

Fall. Und wie fühlst du dich jetzt, Igor?"
„Grün, Meister."
„Dass du grün bist, sehen wir selber", meinte Fiona. „Onkel Samuel will wissen, wie du dich innerlich fühlst."
„Ich weiß nicht, Herrin. So wie immer, glaube ich."
„Ausgezeichnet", wiederholte Onkel Samuel, der immer noch in seinem Notizbuch herumkritzelte. „Dann hat die Reise also keine unangenehmen Nachwirkungen gehabt."
„Abgesehen davon, dass ich grün bin, Meister."
„Jetzt hör endlich auf damit, Igor. Ich hab dir doch gesagt, dass die grüne Farbe wieder weggeht. Außerdem ist es ein geringer Preis für einen Platz in den Geschichtsbüchern. Aber jetzt kommen wir zum wichtigsten Punkt, Igor. Ich will alles wissen, was du in der Vergangenheit gesehen hast. Haarklein, verstehst du?"
„Ja, Meister."
„Auch wenn es dir noch so unwichtig erscheint – ich will alles wissen, jede klitzekleine Einzelheit."

„Ja, Meister."

Onkel Samuel stand mit gezücktem Bleistift da und wartete, dass Igor mit seinem Bericht anfing, aber der blieb stumm.

„Also, Igor", sagte Onkel Samuel leicht gereizt, „was genau hast du gesehen?"

„Nichts, Meister."

„Nichts? Aber warum nicht? War es zu dunkel oder was?"

„Ich weiß nicht, Meister."

„Was heißt: Ich weiß nicht? Heiliger Fangzahn, du musst doch wissen, ob es dunkel war oder nicht!"

„Ich weiß nicht, Meister. Ich habe die Augen zugemacht."

„Du hast die Augen zugemacht?", wiederholte Onkel Samuel fassungslos.

„Ja, Meister. Die ganze Zeit."

Im ersten Moment brachte Onkel Samuel kein Wort hervor. Dann knallte er angewidert seinen Notizblock und seinen Bleistift auf den Boden.

„Die Augen zu. Die ganze Zeit!", zischte er. „Großes grünes Leichenhemd! Jahrelang habe ich an meiner Erfindung gearbeitet,

Nacht für Nacht hab ich mich halb lebendig geschuftet. Und jetzt, wo es endlich soweit ist, was macht dieser Idiot? Kneift die Augen zu und sieht nichts!“

„Tut mir leid, Meister!“, murmelte Igor zerknirscht.

„Wenn das alles ist, kannst du’s dir sparen“, fauchte Onkel Samuel.

„Das nächste Mal halte ich meine Augen offen“, versprach Igor. „Ehrenwort! Ich nehme sogar Streichhölzer, wenn du willst.“

„Dafür ist es jetzt zu sp…“, fing Onkel Samuel an, dann verstummte er plötzlich mitten im Satz. „Hast du wirklich gesagt, nächstes Mal, Igor?“, fragte er schon viel freundlicher.

„Ja, Meister.“

„Dann wärst du also bereit noch einen Versuch zu wagen?“

„Warum nicht, Meister? Es ist mir ja nichts passiert und grün bin ich sowieso schon.“

„Igor, alter Freund“, rief Onkel Samuel begeistert und schlang wieder seine Arme um Igors Schultern. „Ich wusste doch, dass man sich auf dich verlassen kann. Fangen wir gleich an?“

„In Ordnung, Meister."

Diesmal humpelte Igor freiwillig in den Kontrollraum hinein und winkte Fiona sogar durch die Fensterscheibe zu.

Tatsächlich fand Igor die neue Erfindung gar nicht mehr so übel. Er war zwar jetzt grün, aber das würde vorübergehen. Zumindest war er weder tief gekühlt noch gekocht, noch halb ertränkt worden wie sonst immer. Und jetzt, da Igor keine Angst mehr vor der Maschine hatte, war er richtig aufgeregt. Onkel Samuel hatte Recht: Igor tat etwas, das vor ihm noch kein anderer Mensch versucht hatte. Außerdem war er auch neugierig, wie es in der Vergangenheit aussah. Vielleicht würde er sogar sich selbst begegnen oder vielmehr einem Igor, der ein Jahr jünger war als er ...

„Hoffentlich hält er wenigstens diesmal seine Augen offen", brummte Onkel Samuel.

„Keine Sorge, Onkel Samuel", sagte Fiona. „Wenn Igor etwas verspricht, hält er es auch."

„Ja, stimmt eigentlich." Onkel Samuels Gesicht hellte sich auf. „Also, dann bin ich mal gespannt, was er uns diesmal zu erzählen hat."

Der rote Hebel war bereits nach oben gedrückt und Onkel Samuel und Fiona schauten erwartungsvoll zum Kontrollraum hinüber, wo Igor jeden Augenblick auftauchen musste. Aber da war kein Igor. Auch als die Maschine zu pulsieren aufhörte, zeigte sich niemand am Fenster. Igor war und blieb verschwunden.

„Was macht der Dummkopf denn jetzt wieder?", fragte Onkel Samuel gereizt.

„Vielleicht will er uns reinlegen", meinte Fiona. „Vielleicht hat er sich auf dem Boden versteckt."

Sie spähten durchs Fenster hinein, aber von Igor war nichts zu sehen.

„Sieht aus, als ob er nicht zurückgekommen ist, Onkel Samuel", sagte Fiona so ruhig wie möglich.

„Ja", gab Onkel Samuel zu. „So sieht es aus." Mit zitternden Händen stieß er den Riegel zurück und machte die Tür zum Kontrollraum auf. Irgendwie hoffte er immer noch, dass Igor sich in einem von außen nicht sichtbaren Winkel verkrochen hatte, aber der Kontrollraum war völlig leer.

„Was kann da nur schief gegangen sein?“, fragte Fiona.

„Ich weiß nicht“, sagte Onkel Samuel tief zerknirscht. „Ich stehe vor einem Rätsel.“

„Hast du wirklich gar keine Idee?“, beharrte Fiona.

„N...nein – das heißt doch!“ Onkel Samuel stöhnte laut und schlug sich beide Hände vor den Kopf. „Heiliger Sargnagel, wie konnte ich bloß so dumm sein?“

„Was denn, Onkel Samuel?“

„Ich hab's ihm nicht gesagt“, stöhnte Onkel Samuel. „Ich hätte ihn warnen müssen! Ich hab vergessen ihm zu sagen, dass er sich nicht aus der Reichweite der Maschine fortbewegen darf!“

Fiona begriff nicht gleich, aber es dauerte nicht lange, bis Onkel Samuel ihr die Sache erklärt hatte. Der TRIP hatte nur eine sehr geringe Reichweite. Wenn Igor nur ein paar Schritte in irgendeine Richtung machte, war er bereits außerhalb des Energiestrahls. Dann konnte ihn die Maschine nicht zurückbringen.

„Dann ist Igor also gar nichts passiert?“, fragte Fiona erleichtert.

„Nein, nein“, antwortete Onkel Samuel. „Er steckt bloß ein Jahr zurück in der Vergangenheit fest.“

„Aber wie willst du ihn zurückholen, Onkel Samuel?“

„Ich fürchte, da gibt’s nur eins: Wir müssen ihn aus dem Meer der Zeit herausfischen. Das heißt, ich schicke den Energiestrahl solange an denselben Ort, in dieselbe Zeit zurück, bis die Maschine Igor aufgelesen hat. Er wird bestimmt bald merken, was los ist.“

„Da wäre ich mir nicht so sicher“, meinte Fiona zweifelnd. „Igor ist ein Schatz, aber besonders schlau ist er nicht gerade.“

Eine Weile herrschte betretene Stille, während Fiona und Onkel Samuel überlegten, was sie tun konnten.

„Ich hab’s!“, rief Fiona plötzlich. „Wieso bin ich nicht gleich draufgekommen? Wir stellen einfach ein großes Schild in den Kontrollraum und schicken es in die Vergangenheit zurück. Und auf das Schild schreiben wir: ‚Bleib hier stehen, Igor, und rühr dich nicht vom Fleck!‘ Dann weiß er, was er tun muss.“

„Mm ..., bloß kann Igor leider nicht lesen ...“

„Oh“, seufzte Fiona enttäuscht. „Das hab ich ganz vergessen.“

„Es ist aber trotzdem eine gute Idee“, tröstete sie Onkel Samuel. „Statt Buchstaben malen wir einfach einen Pfeil auf das Schild, damit Igor weiß, wo er sich hinstellen muss.“

In Windeseile machten sie das Schild fertig und schickten es auf die Reise in die Vergangenheit. Doch kein Igor war dabei, als es zurückkam.

„Und was jetzt, Onkel Samuel?“, fragte Fiona verzweifelt.

„Wir müssen es weiter versuchen, bis wir ihn haben“, verkündete Onkel Samuel energisch. Doch als er die Maschine wieder anwerfen wollte, erstarrte er fast vor Schreck.

„Was ist los?“, rief Fiona entsetzt.

„Ich fürchte, der Zeiger auf dem einen Zeitschalter klemmt.“

„Und was bedeutet das?“

„Das bedeutet“, sagte Onkel Samuel kleinlaut, „dass wir Igor womöglich nicht ein Jahr in die Vergangenheit geschickt haben, sondern siebenhundert Jahre. Vielleicht sogar noch weiter.“

Auf Schloss Camembert

Graf Norbert Mozzarella von Camembert war ziemlich schlecht gelaunt und das war kein Wunder. Seine Gemahlin, die Gräfin Romadur, hackte seit Stunden auf ihm herum.

„So geht es nicht mehr weiter, Mozzi", schimpfte sie. „Du musst endlich was tun!"

„Das hast du schon hundertmal gesagt",

brummte der Graf missmutig, während er einen Floh aus seinem Bart herauspickte und ihn zwischen den Fingern zerquetschte.

„Ja, aber bloß, weil du deinen fetten Hintern nicht hoch kriegst“, gab die Gräfin zurück.

Graf Norbert grunzte nur und machte mit seiner Flohjagd weiter. Manchmal verfluchte er sich, dass er diese Nervensäge von Romadur überhaupt geheiratet hatte. Aber sie war nun mal die Nichte des Königs und der König hatte es so gewollt. Und Mozzi machte immer, was der König wollte. Schließlich hatte er keine Lust sich den Kopf abschlagen zu lassen.

Außerdem hatte Gräfin Romadur ausnahmsweise Recht: Die Zustände in den Verliesen von Schloss Camembert waren ein Skandal.

Anstatt den Mund zu halten, wie es sich für einen anständigen Gefangenen gehört, brüllten und schrien die Missetäter so laut, dass man nachts kein Auge zutun konnte. Graf Norbert hatte sich nicht die Mühe gemacht selbst nachzuschauen. Aber wenn man den Wachen glauben konnte, spukte es dort unten. Angeblich tauchten jede Nacht irgendwelche rätselhaften Gegenstände vor den Augen der Gefangenen auf und verschwanden genauso schnell wieder im Nichts, wie sie gekommen waren. Das war natürlich alles dummes Zeug.

„Ich hab's", verkündete Graf Camembert plötzlich. „Ich lasse die Gefangenen einfach hinrichten."

„Aber Mozzi, das kannst du doch nicht machen!", protestierte Gräfin Romadur.

„Und ob ich das kann. Ich bin der Graf und was ich sage, gilt!"

„Aber nur, wenn die Nichte des Königs einverstanden ist, Mozzi", flötete die Gräfin mit honigsüßer Stimme. „Und ich bin absolut dagegen – Reimar ist nämlich unten. Und woher soll ich einen neuen Lautenspieler nehmen, wenn du ihm den Kopf abschlägst?"

„Was, der ist auch unten?", fragte Graf Norbert. „Was hat er denn angestellt?"

„Er hat nicht über deine Witze gelacht."

„Ach ja ..., ich erinnere mich. Ein humorloser Kerl, dieser Reimar. Und wer ist sonst noch unten?"

NEUE, SPANNENDE LESEABENTEUER...
MEGA-STARK!
MADELINE TEMPLETON
SCHNEIDER BUCH
Viel Spaß beim Lesen.

Theo Schwartz

Bibi und das Dino-Ei

Bibi Blocksberg, Bd. 4

Bibi und ihre Freunde haben ein versteinertes Dino-Ei gefunden. Die alte Hexe Mania möchte aus dem Ei Hexenpulver machen, aber Bibi will das Ei lieber zum Leben erwecken.

Best.-Nr. 10534
DM 14,95/ÖS 109,-

Max Kruse

Lisa und Jenny retten den Zirkus

Lisa und Jenny, Bd. 5

Ein kleiner Wanderzirkus steckt in großen Schwierigkeiten. Lisa und Jenny haben eine tolle Idee, wie sie den netten Zirkusleuten helfen können.

Best.-Nr. 10540
DM 11,95/ÖS 87,-

Mary Hooper

Chaos-Katie und das stressige Baby

Chaos-Katie, Bd. 3

Katie ist allein zu Haus mit dem Baby ihrer Schwester. Die kleine Emily entpuppt sich als waschechter Dreckspatz. Wie soll Katie bloß die Bescherung wegkriegen? Wie kann sie das Baby bändigen?

Best.-Nr- 10408
DM 12,95/ÖS 95,-

Ursel Scheffler

Heiße Ware

Ein Fall für Sara R., Bd. 4

Billy und Tom werden die Fahrräder geklaut. Ob diese Diebstähle etwas mit dem Drogenhandel in der Gegend zu tun haben?

Best.-Nr. 10434
DM 12,80/ÖS 94,-

Brigitte Blobel

Ab in die Ferien!

Die Unzertrennlichen, Bd. 4

Lola und Viktor können es kaum fassen: Sie dürfen auf Mauritius Ferien machen. Doch die tropische Trauminsel steckt voller Gefahren: Die Freundinnen geraten in einen schrecklichen Sturm.

Best.-Nr. 10402
DM 12,80/ÖS 94,-

Gaby Schuster

Die Lieblingsfeindin

Das Internat am Genfer See, Bd. 7

Das hat gerade noch gefehlt!, denkt Suzanne. Mit einer eitlen Ziege wie Yvonne das Zimmer teilen zu müssen! Zwischen den Mädchen herrscht Krieg. Da gerät Suzanne unter einen schrecklichen Verdacht …

Best.-Nr. 10395
DM 14,95/ÖS 109,-

Andrea Pabel

Babuschka bleibt bei uns

Ponyhof Kleines Hufeisen, Bd. 7

Die schwarze Traberstute Babuschka kommt als Gastpferd auf den Ponyhof. Und schon bald geschehen unerklärliche Dinge um das edle Pferd ...

Best.-Nr. 10366
DM 11,95/ÖS 87,-

Tina Caspari

Pferde für den Roggenhof

Jana und Janusch, Bd. 1

Neues Leben erfüllt das schöne alte Haus auf der Ostseeinsel Rügen. Und als die Pferde auf den Hof kommen, hält es Jana kaum noch aus vor Spannung. Ist ihr Lieblingspferd unter den Neuankömmlingen?

Best.-Nr. 10506
DM 12,95/ÖS 95,-

Ursula Isbel

Sommerwind und Hufgetrappel

Nelly, Bd. 3

Die graue Stute Lady kommt aus der Tierklinik zurück. Nelly denkt nur noch an ihr Pferd: wird Lady wieder richtig laufen können? Wie früher über die Weide stürmen?

Best.-Nr. 10535
DM 12,95/ÖS 95,-

Annette Weber

Liebe Racina

Fest im Sattel

Für Franzi gibt´s nichts Schöneres als Springturniere. Sie träumt davon eine erfolgreiche Turnierreiterin zu werden. Aber ist die Schleifenjagd wirklich so verlockend? Franzi muss sich entscheiden!

Best.-Nr. 10502
DM 12,80/ÖS 94,-

Andrea Pabel

Die sanfte Pferde-Schule

Dieses Buch zeigt, wie man das Vertrauen eines Pferdes gewinnt und Schritt für Schritt die Kommunikation mit dem Vierbeiner verbessert - beim Führen, bei der Bodenarbeit und schließlich beim Reiten.

Best.-Nr. 10341
DM 16,95/ÖS 124,-

Edel Marzinek-Späth

Spiel und Spaß mit Pferden

In diesem Buch zeigen wir die tollsten Reiterspiele - vom einfachen Slalom bis zum Handpferde-Rennen. Dazu viel Wissenswertes über Training, Planung und Organisation - und natürlich super Fotos!

Best.-Nr. 10575
DM 24,80/ÖS 181,-

Kerstin Sundh

Der Meisterdetektiv Michas Bruder, Bd. 2

Die ganze Familie ist verreist und der zerstreute Onkel Simon passt auf Martin auf. Doch als bei den Nachbarn eingebrochen wird, nimmt Martin die Sache in die Hand.

Best.-Nr. 10489
DM 10,95/ÖS 80,-

Thomas Brezina

Alle meine Tiger-Team-Freunde

Jetzt können sich die Fans der Erfolgsserie in ein spezielles Album eintragen. Die Tiger-Team-Freunde verraten so manches Geheimnis darin - und wer will - sogar in einer besonderen Geheimschrift.

Best.-Nr. 10624
DM 16,95/
ÖS 124,-

Wolfgang Kammer

Geheime Fracht an Bord

Vier greifen ein, Bd. 3

Niko und sein Freund Eike machen auf zwei Trucks eine Tour nach Wien mit. Aber was spielt sich nachts auf dem Rastplatz ab? Hier geht es doch nicht mit rechten Dingen zu?

Best.-Nr. 10496
DM 12,95/ÖS 95,-

Christopher Pike

Der Schrecken aus dem All

Spook City, Bd. 4

Adam und Watch werden von Außerirdischen entführt. Ihre Freunde Sally und Cindy nehmen gemeinsam mit dem Außerirdischen Ekweel 2 die Verfolgung auf.

Best.-Nr. 10545
DM 12,95/ÖS 95,-

Thomas Brezina

Rallye durch die Todeswüste

Geheimauftrag für dich, Mark Mega und Phantom, Bd. 5

Seit langem schon steht ein junger Engländer unter dem Verdacht verbotene Waffengeschäfte zu betreiben. Mark Mega soll ihn beschatten, während er an der Rallye teilnimmt.

Best.-Nr. 10539
DM 16,95/ÖS 124,-

Thomas Brezina

Lichter im Hexenmoor

Ein Fall für dich und das Tiger-Team, Bd. 13

Notlandung im Hexenmoor! Gleich darauf verschwindet Patrick spurlos. Wurde er von den unheimlichen Kapuzengestalten entführt?

Best.-Nr. 10536
DM 16,95/ÖS 124,-

„Bloß Egbert.“

„Ah, der gute alte Egbert“, rief Mozzi und rieb sich schadenfroh die Hände. „Ausgezeichnet. Ich lasse ihn hinrichten und zwar sofort.“

„Kommt nicht in Frage, Mozzi“, widersprach die Gräfin. „Ich brauche ihn noch, er muss mir im Winter die Füße wärmen. Du ärgerst dich doch nur, weil er dich neulich im Turnier besiegt hat.“

„Das war Betrug. Er hat mich einfach runtergeworfen, als ich gerade nicht aufgepasst habe.“

„Unsinn“, sagte Gräfin Romadur. „Du hast verloren, weil du so ein jämmerlicher Specksack bist, darum. Du kommst doch kaum noch auf dein Pferd rauf.“

Mozzi schnaubte angewidert, aber er sagte nichts mehr. Gegen die scharfe Zunge seiner Gemahlin kam er einfach nicht an.

„Auf jeden Fall musst du was gegen den Spuk dort unten tun“, bohrte die Gräfin weiter. „Sonst geht das Geschrei bei der nächsten Gelegenheit von vorne los.“

„In meinem Kerker spukt es nicht!“, fauch-

3 10546-4

te Graf Norbert. „Wie oft soll ich es dir noch sagen? Alles Hirngespinste und Ammenmärchen! Glaubst du im Ernst, dass dort unten irgendwelche Dinge auftauchen und verschwinden, wie die beiden Idioten behaupten?“

„Ich weiß nicht, was da unten vor sich geht“, meinte die Gräfin. „Aber genau das sollst du ja herausfinden.“

„Ich?“, stieß Mozzi entrüstet hervor. „Soll ich vielleicht selber runtergehen und die Nacht dort verbringen?“

„Ganz richtig“, sagte die Gräfin mit zuckersüßem Lächeln. „Dann muss ich wenigstens mal eine Nacht lang dein Geschnarche nicht hören.“

Damit fegte sie zur Tür hinaus. Mozzi, der vergeblich nach einer passenden Antwort suchte, starrte ihr böse nach.

Sir Walter Kalbskopf von Aspik war ein Trottel. Aber er war tapfer und treu. Vor allem aber hatte er das bequemste Bett im ganzen Schloss. Graf Norbert musste es wissen, denn er hatte am Nachmittag alle ausprobiert. Er dachte gar nicht daran, selber in den schaurigen Verliesen von Schloss Camembert zu übernachten. Deshalb brauchte er einen Ersatz. Also lud er Sir Walter ein, beim Abendessen im großen Rittersaal neben ihm zu sitzen.

„Es ist mir eine große Ehre, mein Fürst und Gebieter!“, sagte Sir Walter. Er redete immer so geschwollen daher.

„Nicht der Rede wert, Wolly, alter Kumpel“, antwortete Graf Norbert und gab Sir Walter einen freundschaftlichen Klaps auf den Rücken, sodass er beinahe die Hammelkeule verschluckt hätte, an der er gerade herumnagte. „Hier, nimm noch einen Schluck Wein!“

„O nein, Herr, mitnichten. Mich dünkt, ich habe des Guten schon zu viel genossen ...“

„Und mich dünkt, du bist ein aufgeblasener alter Trottel“, brummte Graf Norbert vor sich hin. „Dummes Zeug“, sagte er laut. „Davon kann man gar nicht genug bekommen!“

Er schenkte Sir Walter noch einmal ein und schaute anerkennend zu, wie der Ritter den Wein in sich hineinschüttete. Sobald der

Becher leer war, füllte Mozzi ihn bis zum Rand wieder auf. Selbst ein Dummkopf wie Sir Walter würde nur in betrunkenem Zustand bereit sein eine Nacht im Spuk-Verlies zu verbringen.

„Wolly", sagte Graf Camembert, „ich habe großen Respekt vor dir ... Ja, ich bewundere dich zutiefst."

„Äh ..., Sir?", stammelte Sir Walter verwirrt. Dass der Graf ihn bewunderte, war ihm neu. Erst heute Morgen hatte er ihn nämlich noch einen dummen alten Trottel geheißen.

„Ich will, dass du mir etwas versprichst", fuhr Graf Norbert fort. „Wenn mir etwas zustoßen sollte, kann ich mich dann darauf verlassen, dass du meine Gemahlin unter deinen Schutz nimmst?"

„Ei freilich, mein Fürst!"

„Und meine geliebten Kinder auch?"

„Ich würde sie mit meinem Leben verteidigen, so wahr ich hier sitze!"

„Danke, Wolly", sagte Graf Norbert. „Ich wusste doch, dass ich mich auf dich verlassen kann. Die Sache ist nämlich die: Ich muss eine schwere Pflicht erfüllen. Wenn ich Erfolg habe, bringt mir das große Ehre. Aber die Sache ist gefährlich. So gefährlich, dass ich keinen meiner edlen Ritter bitten könnte für mich einzuspringen."

Wenn er jetzt nicht anbeißt, will ich einen Besen fressen, dachte Mozzi schadenfroh.

„Mein Fürst", sagte Sir Walter schließlich, „die Ehre geht mir über alles. Es ist mein innigster Wunsch, Euch treu zu dienen. Ich schere mich nicht um die Gefahr. Gewährt mir die Gnade und lasst mich an Eurer Stelle den Auftrag ausführen."

„Niemals – das würde ich nie übers Herz bringen!", rief Graf Norbert und rieb sich unter dem Tisch die Hände.

„Es ist mein Recht und meine Pflicht, mein Fürst."

Sir Walter fiel vor Mozzi auf die Knie und schlug sich dabei die Nase an der Tischkante auf.

„Nun gut, wenn du es durchaus nicht anders willst", sagte Mozzi schnell, falls Sir Walter etwa doch noch einen Rückzieher machen wollte. „Dann lass dir erklären, was du zu tun hast ..."

„O nein!“, jammerte Reimar. „Ich bleibe keine Nacht mehr hier unten.“

„Fürchte nichts, mein Sohn“, beschwichtigte ihn Sir Walter. „Ich und mein treues Schwert sind bei dir!“

„Was hilft ein Schwert gegen Zauberei?“, wandte Egbert ein. „Und genau damit haben wir es hier zu tun. Der Kerker ist verhext.“

„So sagtest du.“

„O ja und ich sage es immer wieder. Seltsame Gegenstände tauchen aus dem Nichts auf und verschwinden wieder.“

„An welchem Orte?“, wollte Sir Walter wissen.

„Da drüben“, sagte Egbert und zeigte mit dem Finger zum anderen Ende des Kerkers. „Es geschieht immer an derselben Stelle.“

Sir Walter starrte den Fleck an, auf den Egbert gezeigt hatte. Dann passierte es. Eben noch war der Kerker völlig leer gewesen und im nächsten Moment durchzuckte ein greller Blitz den Raum. Ein seltsames Wesen erschien. Es sah aus wie ein Mensch, aber es war so hässlich, dass es nur der Teufel persönlich sein konnte. Sir Walter sagte schnell ein

Gebet, bevor er sich in den Kampf stürzte. Der Teufel machte keinen Versuch sich zu verteidigen. Er stand einfach da, mit fest zugekniffenen Augen. Aber im letzten Moment, als Sir Walter schon sein Schwert erhob, verschwand er wieder. Sir Walter konnte noch so lange auf die Stelle schlagen, wo der Teufel gewesen war. Sein Schwert traf nur noch auf dünne Luft.

„Fürwahr“, brummte Sir Walter, „es ist die reine Zauberei. Kommt hierher, Knappen.“

Weder Reimar noch Egbert beachteten ihn. Sobald der Teufel erschienen war, hatten sie sich zur Kerkertür geflüchtet. Zum Glück hatte Sir Walter die Tür von innen verschlossen und den Schlüssel abgezogen. So konnten die beiden Gefangenen nichts anderes tun, als gegen die Tür zu hämmern und um Hilfe zu schreien.

„Kommt hierher, sage ich euch!“

Reimar und Egbert machten keinen Mucks. Aber dafür hatte ihn offenbar der Teufel gehört, denn plötzlich stand er wieder da, direkt vor Sir Walters Füßen. Er war jetzt grasgrün und seine Augen waren offen, aber es war eindeutig derselbe Teufel. Bevor die beiden recht wussten, wie ihnen geschah, kugelten Sir Walter und der Teufel eng umschlungen auf dem Kerkerboden herum. Schließlich kämpfte sich Sir Walter frei, sprang auf die Füße und hob sein Schwert mit beiden Händen in die Höhe.

„Bereite dich auf dein Ende vor, stinkende Höllenbrut!", donnerte er.

„Ich bin keine Höllenbrut!", rief der Teufel zurück. „Ich bin ein Igor."

„Ein Igor?", fragte Sir Walter verdutzt und hielt mitten in der Bewegung inne. „Was ist das?"

„Ich", sagte Igor und seine Zähne klapperten vor Angst.

Sir Walter war jetzt genauso schlau wie vorher. Das Wesen vor ihm sah immer noch wie der Teufel aus. Und jeder anständige Ritter wusste, was er zu tun hatte, wenn er dem Teufel begegnete.

„Töte ihn!", schrie Egbert von der Tür herüber. „Schlag ihm den Kopf ab!"

„Genau!", kreischte Reimar. „Bring sie um, die Bestie, bevor sie mir zu nahe kommt!"

Das große Schwert in Sir Walters Händen zerteilte die Luft.

„Stirb, Höllenbrut!“, rief Sir Walter.

„Nein!“, schrie Igor.

„Auaaa!“, brüllte Sir Walter.

Wenn Igor geblieben wäre, wo er war, hätte ihn das Schwert mitten durchgehauen. Aber er hatte sich auf die Knie geworfen und küsste Sir Walters Füße. So traf das Schwert mit voller Wucht auf den Steinboden und der Schmerz durchzuckte Sir Walter wie eine riesige Schockwelle. Sogar seine Ohren wackelten.

„Los, noch einmal!“, feuerte ihn Egbert an.

Das hätte Sir Walter nur zu gern getan, aber leider war das nicht so einfach. Sein doppelgriffiges Schwert war eine wunderbare Waffe; das allerdings nur, wenn der Gegner die Regeln kannte und stillhielt, während Sir Walter ausholte. Aber was nützte dieser Vorteil bei einem Wesen, das sich an seine Beine klammerte und ihm jämmerlich auf die Füße sabberte? Er konnte nichts anderes tun als den Teufel ein bisschen zu pieksen. Die Schwertspitze war stumpf, aber der Dämon heulte trotzdem laut auf vor Schmerz. Also stach Sir Walter noch einmal zu. Aber das war ein Fehler. Denn jetzt hörte der Teufel auf, seine Füße zu küssen, und biss ihn stattdessen in den Knöchel.

„Autsch!", brüllte Sir Walter, ließ sein Schwert fallen und hüpfte auf einem Bein herum. „Wahrlich, der Dämon hat mich auf den Tod getroffen!"

Igor hatte keine Ahnung, wovon der Ritter redete. Aber er verstand ohnehin die Welt nicht mehr, seit dieser Irre über ihn hergefallen war. Er wollte nur noch eins: so schnell wie möglich zurück zu Fiona und Onkel Samuel. Während Sir Walter auf dem Boden herumsprang und seltsame Flüche ausstieß, huschte Igor schnell zu der Stelle zurück, wo ihn die Zeitmaschine abgesetzt hatte.

„Los, Meister!", flehte er verzweifelt. „Hol mich zurück!"

Aber nichts geschah. Entweder funktionierte die Maschine nicht oder Igor stand an der falschen Stelle. Auf jeden Fall saß er jetzt ganz schön in der Patsche. Angefeuert von den beiden Gestalten an der Tür hatte der Irre sein Schwert wieder aufgelesen und kam mit finsterer Miene auf Igor zu.

„Ich ergebe mich!“, schrie Igor in höchster Not.

„Wie? Was?“, fragte Sir Walter verdutzt und blieb stehen.

„Ich ergebe mich“, wiederholte Igor. „Ich gebe auf!“

Einen Augenblick zögerte Sir Walter, weil er das Ganze für einen üblen Trick hielt. Aber der Teufel meinte es offenbar ernst. Er hielt sogar die Hände hoch um zu zeigen, dass er keine Waffe hatte. Sir Walter grinste zufrieden. Einen Dämon töten, das konnte schließlich jeder, sagte er sich. Aber den Teufel höchstpersönlich gefangen zu nehmen, das war etwas ganz anderes. Das war eine Heldentat, wie sie die Sänger in ihren Balladen rühmten.

Gefangen!

Als Onkel Samuel sich vom ersten Schreck über Igors Verschwinden erholt hatte, konnte Fiona ihm endlich erklären, was sie tun wollte, um den armen Diener zu retten. Es war zwecklos, in den Nebeln der Zeit nach ihm zu fischen, das wussten die beiden jetzt. Also blieb nur eins, vor dem Fiona allerdings große Angst hatte: Sie musste selbst mit Onkel Samuels Zeitmaschine in die Vergangenheit reisen und Igor zurückholen.

Onkel Samuel schüttelte entsetzt den Kopf. „Das kommt überhaupt nicht in Frage, mein Kind“, sagte er. „Das ist viel zu gefährlich.“

„Aber du hast doch zu Igor gesagt, dass deine Maschine absolut sicher ist.“

„Das war sie ja auch, meine Liebe, aber jetzt – schau sie dir doch mal an! Der Kontrollraum ist durch die vielen Versuche schon arg mitgenommen. Außerdem bist du viel zu groß dafür!“

Fiona musste zugeben, dass Onkel Samuel Recht hatte. Der Kontrollraum sah wirklich so aus, als ob er jeden Augenblick auseinander fallen würde.

„Und wie lange dauert es, bis du ihn repariert hast?“, fragte sie.

„Reparieren? Reparieren nützt nichts, mein Kind. Der Kontrollraum ist einfach nicht groß genug. Ich müsste erst einen neuen bauen und testen.“

„Nein, Onkel Samuel“, sagte Fiona energisch. „Das dauert viel zu lange. Außerdem könntest du dann auch nicht sicher sein, dass die Zeitschalter richtig eingestellt sind, oder?"

„Ich fürchte, nein", gab Onkel Samuel zerknirscht zu.

„Dann müssen wir eben noch mal den alten Kontrollraum benützen. Und du reparierst ihn, so gut du kannst."

„Aber was ist, wenn er in Stücke fällt, während du in der Vergangenheit unterwegs bist?", fragte Onkel Samuel düster.

„Das weiß ich auch nicht, Onkel Samuel", sagte Fiona. Sie wollte lieber gar nicht daran denken. „Ich weiß nur, dass wir Igor irgendwie zurückholen müssen. Also müssen wir das Risiko in Kauf nehmen."

Einen Augenblick schwieg Onkel Samuel, dann nickte er langsam mit dem Kopf.

„Du hast natürlich Recht", sagte er. „Wir müssen Igor zurückholen. Aber ich steige in den Kontrollraum, nicht du."

„Das geht nicht, Onkel Samuel. Das weißt du auch ganz genau", sagte Fiona. „Erstens bist du zu groß und zweitens musst du hier bleiben, falls etwas schief geht. Du bist schließlich der Einzige, der weiß, wie die Maschine funktioniert."

Onkel Samuel nickte widerstrebend mit dem Kopf. Es passte ihm gar nicht, dass seine Nichte in den ramponierten Kontrollraum steigen musste. Aber offenbar gab es keine andere Lösung.

Onkel Samuel arbeitete den ganzen Tag wie besessen und als Fiona am Abend aus ihrem Sarg kletterte, sah der Kontrollraum so gut wie neu aus. Trotzdem war Onkel Samuel nicht zufrieden.

„Das Problem ist gar nicht der Kontrollraum", erklärte er düster. „Der dürfte jetzt einigermaßen in Ordnung sein. Ich fürchte nur, dass die ganze Maschine ziemlich gelitten hat. Gib mir noch eine Nacht Zeit, damit ich alles überprüfen kann."

„Das ist doch bloß ein Vorwand, Onkel Samuel", sagte Fiona. Sie wollte nicht noch länger warten, weil sie Angst hatte, dass sie dann womöglich selber den Mut verlieren würde. Aber das behielt sie natürlich für sich. „Dein

TRIP hat bis jetzt tadellos funktioniert“, fuhr sie fort. „Also wird er ja wohl noch ein, zwei kleine Reisen überstehen, oder?“

Onkel Samuel war nicht ganz überzeugt. Aber er wusste, dass es keinen Sinn hatte mit Fiona zu diskutieren. Sie konnte stur wie eine Fledermaus sein, wenn sie sich etwas in den Kopf gesetzt hatte.

„Also gut“, seufzte er. „Aber wie willst du sichergehen, dass du auch wieder zurückkommst? Es kann eine Weile dauern, bis du Igor findest.“

„Ganz einfach. Ich markiere die Stelle, an der ich lande. Dann kannst du deinen TRIP alle dreißig Schnapper zurückschicken, bis Igor und ich wieder auftauchen.“

„Also gut. Hast du alles, was du brauchst?“

„Ich glaube schon.“

Mehr gab es im Moment nicht zu sagen. So beugte sich Fiona zu Onkel Samuel hinüber und knabberte zum Abschied kurz an seinem Hals.

„Ich muss jetzt los, Onkel“, sagte sie.

„Ja, ich weiß. Pass auf dich auf“, brummte Onkel Samuel. „Klar, Onkel Samuel“, sagte

Fiona. „Mach dir keine Sorgen. Und bis bald!"

Zwei Tränen schimmerten in Onkel Samuels blutroten Augen, als Fiona sich abwandte und zum Kontrollraum hinüberging. Sie musste sich ganz schön verrenken um hineinzupassen. Onkel Samuel sorgte dafür, dass die Tür gut verschlossen war. Er wollte nicht riskieren, dass sie plötzlich aufsprang, während seine Nichte durch die Vergangenheit reiste ...

Nachdem der Kontrollraum gesichert war, prüfte Onkel Samuel verschiedene Schalter und Knöpfe. Fiona beobachtete ihn durch das Fenster des Kontrollraums und machte ihm ein Zeichen, dass er sich beeilen solle. Onkel Samuel winkte ihr kurz zu, dann streckte er die Hand nach dem roten Hebel aus.

„Also los", brummte er vor sich hin. „Fiona hat Recht: Die Maschine hat bis jetzt immer funktioniert, warum also nicht auch diesmal?"

Doch sobald er den Hebel heruntergedrückt hatte, wusste Onkel Samuel, dass irgendetwas furchtbar schief gelaufen war. Besonders leise war die Maschine noch nie gewesen. Aber jetzt war da ein neues Geräusch, ein hohes, schrilles Sirren, das Onkel Samuel noch nie gehört hatte. Am liebsten hätte er die Maschine sofort angehalten, aber das ging leider nicht. Wenn der TRIP erst einmal in Gang war, musste man warten, bis er die Reise in die Vergangenheit vollendet hatte. Onkel Samuel konnte nichts anderes tun als zurückzutreten und ängstlich zu lauschen, wie die Maschine sich vorwärts oder vielmehr rückwärts quälte. Bald ertönte eine ganze Serie von neuen Geräuschen, ein Quietschen, Knallen und Gurgeln. Das Sirren wurde immer lauter. Es hörte sich an, als ob die Maschine sich selbst in Stücke rüttelte.

Der TRIP hätte längst anhalten müssen, doch er knirschte und gurgelte immer weiter und machte so viel Lärm, dass Onkel Samuel sich die Ohren zuhalten musste. Und dann passierte es. Bevor er recht wusste, wie ihm geschah, wurde er von einer gewaltigen Explosion durch das halbe Kellergewölbe geschleudert.

Im ersten Augenblick war er wie gelähmt. Dann merkte er, dass der Lärm aufgehört hatte, und rappelte sich mühsam wieder auf. Ein Blick genügte und er wusste, dass alles noch viel schlimmer war, als er befürchtet hatte. Seine genialste Erfindung, der Super-TRIP, war nur noch ein armseliges Häufchen Schrott, das vor ihm auf dem Boden lag. Der Kontrollraum war vollständig zerstört. Von Fiona war weit und breit nichts zu sehen ...

„O Dracula, o Frankenstein – was hab ich nur getan?“, stöhnte Onkel Samuel verzweifelt.

Was immer auch passiert war – jetzt half nichts mehr. Fiona und Igor steckten irgendwo im Mittelalter fest und es gab keine Möglichkeit sie zurückzuholen.

Nur gut, dass Onkel Samuel nicht wusste, wie es dem armen Igor auf Schloss Camembert erging. Graf Norberts Gefangener zu sein war – weiß Dracula! – nicht gerade die reine Freude ...

„Spute dich, Dämon!“, befahl Sir Walter und piekste Igor mit seinem Schwert. „Mein Herr und Fürst harret deiner!“

„Dann muss er eben noch ein bisschen länger harren“, murrte Igor. „Schneller kann ich nicht.“

Igor war auch unter normalen Umständen nicht gerade der Schnellste. Aber mit den schweren Eisenketten war das Gehen für ihn praktisch unmöglich. An einer der Ketten war eine dicke Eisenkugel befestigt, die mindestens eine Tonne wog. Igor brauchte seine ganze Kraft um sie vom Boden wegzuhalten.

Sie kamen in den großen Rittersaal. Am anderen Ende des Saals thronten der Graf und die Gräfin. Rechts und links von ihnen standen ein Dutzend Bogenschützen. Alle Bogen waren gespannt und die Pfeile zeigten direkt auf Igor.

Hilfe!, dachte Igor verzweifelt. Wenn die Typen mit mir fertig sind, hab ich mehr Löcher als ein Sieb.

Er wollte sich schon ducken und rückwärts durch die Tür verschwinden, als Sir Walter ihn ausgerechnet in diesem Augenblick wieder mit seinem Schwert piekste. Vor lauter Schreck sprang Igor mit einem Riesensatz in den Saal hinein.

„Halt! Keinen Schritt weiter!“, donnerte Graf Norbert, der dem Dämon lieber nicht zu nahe kommen wollte. Er begriff nicht, warum dieser Idiot den Kerl nicht gleich getötet hatte. Ein richtiger, lebendiger Teufel war das Letzte, was Mozzi in seinem Kerker haben wollte.

„Tu, was mein Gebieter sagt!“, donnerte Sir Walter und piekste Igor schon wieder in die Seite. „Bleib da stehen!“

Igor war froh über die Marschpause. Die Eisenkugel zog ihn immer tiefer herunter, sodass er mit der Nase schon fast am Boden klebte.

„Wie ein Teufel sieht der aber nicht aus“, sagte die Gräfin und schniefte enttäuscht.

„Lass dich nicht von Äußerlichkeiten täuschen, meine Liebe“, flüsterte Graf Norbert so leise, dass Sir Walter ihn nicht hören konnte. „Ich habe meine ganze Kraft gebraucht um ihn zu überwältigen.“

„Was du nicht sagst, Mozzi“, höhnte die Gräfin. „Sogar meine Kammerfrauen würden mit dem jämmerlichen Zwerg da fertig werden!“

Graf Norbert kam nicht mehr dazu seiner Gemahlin die gebührende Antwort zu geben, denn Igor ließ vor Erschöpfung die Eisenkugel aus seinen schmerzenden Fingern gleiten. Leider landete sie mit voller Wucht auf Sir Walters rechtem Fuß.

„Auuuaaa!“, schrie Sir Walter. „Auuuaaa!“

„Tut mir leid“, sagte Igor erschrocken. Er fand zwar, dass es Sir Walter ganz recht geschah, aber er wollte sich nicht noch mehr Ärger einhandeln. „Hier, lass mich das machen!“, sagte er deshalb und beugte sich herunter um die Eisenkugel von Sir Walters Fuß wegzunehmen. Als er sie mühsam ein paar Zentimeter hochgehievt hatte, glitt sie ihm aber aus den Fingern und landete wieder auf Sir Walters Fuß.

„Auuuaaa!“, schrie Sir Walter noch lauter als beim ersten Mal. „Dieser verfluchte Teufel bricht mir noch sämtliche Knochen im Leib!“

„Na also“, sagte Graf Norbert zur Gräfin Romadur. „Ich hab doch gewusst, dass Wolly anständig reden kann, wenn er will.“

Die Gräfin konnte nicht gleich antworten, weil sie sich bog vor Lachen. Es war aber auch zu komisch, wie Sir Walter mit schmerzverzerrter Grimasse auf dem Boden herumhüpfte.

„Ach du liebes Bisschen“, seufzte sie und wischte sich die Tränen aus den Augen. „So gut hab ich mich schon lange nicht mehr amüsiert. Wir sollten ihn als Hofnarren behalten.“

„Den Teufel als Hofnarren? Bist du jetzt ganz von Sinnen?“, protestierte der Graf.

„Du weißt doch gar nicht, ob er wirklich ein Teufel ist. Ich finde, er sieht ganz menschlich aus.“

„Red keinen Unsinn, Weib. So hässlich ist kein Mensch!“

„Doch, Mozzi – du zum Beispiel“, erwiderte die Gräfin mit zuckersüßer Stimme. „Man kann dir zwar nicht viel Gutes nachsagen, aber dass du ein Dämon bist, hat bisher noch keiner behauptet.“

„Aber er ist grasgrün!“

„Genau“, sagte die Gräfin triumphierend. „Und Teufel sind schwarz, das weiß doch jedes Kind!“

„Stimmt“, mischte sich Igor ein. „Ich bin

bloß ein ganz gewöhnlicher Mensch. Ich weiß überhaupt nicht, was ein Dämon ist."

„Na also", sagte die Gräfin zufrieden. „Dann können wir ihn auch als Hofnarren behalten."

„Tut das weh!", rief Sir Walter. „Aua, aua!"

„Hör auf zu wiehern!", fauchte Mozzi ihn an. „Und sag, was du zu sagen hast, oder halt den Mund!"

„Fürwahr, mein Fürst, es ist der Teufel in Menschengestalt. Und so wahr ich hier stehe, ich selbst habe seine üblen Hexenkünste gesehen. Mit meinen eigenen Augen!"

„Das war keine Hexerei", sagte Igor, der Sir Walter diesmal ausnahmsweise verstanden hatte. „Ich bin mit einer Zeitmaschine hergekommen. Ich bin ein Besucher aus der Zukunft."

„Wirklich?", fragte Graf Norbert, der plötzlich sehr interessiert war. „Kannst du mir dann auch verraten, wer nächsten Monat beim Turnier des Königs gewinnt?"

„Nein, das nicht gerade", gab Igor zu. „Ich komme aus der fernen Zukunft."

„Hört nicht auf ihn, mein Fürst! Der Dämon lügt."

„Aber es ist die Wahrheit!“, verteidigte sich Igor.

„Schnickschnack“, sagte Graf Norbert energisch. „Natürlich kannst du nicht zugeben, dass du ein Dämon bist, hab ich Recht? Wolly, du richtest schon mal den Scheiterhaufen im Schlosshof her. Wir verbrennen ihn gleich.“

„Das kannst du nicht machen!“, heulte Igor. „Ich bin doch kein Grillwürstchen!“

„Und ob ich kann!“, trumpfte Mozzi auf. „Wer ist hier der Graf – ich oder du?“

„Schon gut, Mozzi“, sagte Gräfin Romadur. „Du kannst dir doch wenigstens anhören, was er zu sagen hat, bevor du ihn verbrennst.“

„So? Kann ich?“, fragte Mozzi gereizt. Er wollte die Sache so schnell wie möglich hinter sich bringen, damit er endlich auf die Jagd gehen konnte.

„Aber ja, mein Lieber, ganz bestimmt“, säuselte die Gräfin.

Wenn sie in diesem Ton mit ihm redete, hatte Mozzi keine Wahl. Das wusste er aus bitterer Erfahrung. Also gab er zähneknirschend nach.

„Hast du gehört, Dämon?", herrschte er Igor an. „Erzähl uns deine Geschichte, aber ein bisschen fix. Dann verbrennen wir dich gleich."

Reden war sonst nicht gerade Igors Stärke, aber er hatte keine Lust auf dem Scheiterhaufen zu enden. Deshalb machte er seine Sache erstaunlich gut. Natürlich verriet er nicht, dass Fiona und Onkel Samuel Vampire waren. Aber sonst erzählte er alles schön der Reihe nach. Als er fertig war, gab ihm Gräfin Romadur einen liebevollen Klaps.

„Wunderbar!", sagte sie. „Das ist die beste Geschichte, die ich seit Jahren gehört habe. Also, wir behalten ihn. Er soll uns die langen Winterabende verkürzen."

„Dummes Zeug, Weib!", knurrte Graf Norbert. „Ein Dämon als Hofnarr kommt nicht in Frage und damit basta!"

„Er ist kein Dämon, Mozzi. Das ist doch nur eine fixe Idee von dir!"

„Mitnichten, o Herrin", warf Sir Walter schnell ein. „Mich dünkt es ebenso." Kein Mensch würde eine Ballade auf ihn dichten, wenn er statt eines Dämons nichts weiter als einen kleinen grünen Hanswurst gefangen hatte.

„Und mich dünkt, du hältst dein großes Maul, Wolly“, fauchte die Gräfin. „Das geht nur mich und Mozzi was an.“

„Genau“, sagte Graf Norbert. „Und ich behaupte immer noch, dass er ein Teufel ist. Er ist aus dem Nichts aufgetaucht.“

„Er ist mit der Zeitmaschine gekommen“, sagte die Gräfin energisch. „Und ich will, dass er mein Hofnarr wird.“

Einen Augenblick lang funkelten sich der Graf und die Gräfin schweigend an. Mozzi wollte sich schon geschlagen geben, doch plötzlich fiel ihm etwas ein. Es war eine absolut geniale Idee. Vor lauter Schadenfreude grinste er so breit, dass man seine fauligen schwarzen Zahnstummel sehen konnte.

„Wie du willst, meine Liebe“, sagte er. „Du hast mich überzeugt. Er kann als unser Hofnarr bleiben. Es sei denn, es ist jemand hier im Saal, der ihn immer noch für einen Dämon hält.“

„Ich, mein Fürst!“, meldete sich Sir Walter.

„Ei, sieh mal an“, sagte Graf Norbert entzückt. „Willst du damit sagen, dass du den Gefangenen der Hexerei beschuldigst?“

„So ist es, mein Fürst.“

„Zu dumm“, feixte Graf Norbert. „Ich habe getan, was ich konnte, meine Liebe. Aber ich muss mich an das Gesetz halten. Und das Gesetz sagt, dass jeder, der wegen Hexerei angeklagt ist, die Wasserprobe machen muss.“

Ein tiefer Seufzer lief durch den Saal und Igor erschauerte. Er hatte noch nie etwas von einer Wasserprobe gehört. Aber dass sie kein Vergnügen sein würde, wusste er schon jetzt.

Ein Igor ist kein Teufel

Die Reise mit dem TRIP war gar nicht so, wie Igor sie beschrieben hatte. Erstens dauerte sie viel länger, als Fiona gedacht hatte. Zweitens wurde sie so schrecklich durchgerüttelt, dass sie kaum noch wusste, wo oben und unten war. Als sie schließlich in den finsteren Verliesen von Schloss Camembert landete, war sie geradezu erleichtert.

Die Kerkertür war nicht verriegelt. Als Fiona hinausspähte, stellte sie fest, dass es draußen heller Tag war. Zum Glück war sie darauf vorbereitet. Seit Onkel Samuel seine Spezial-Schuppencreme und die getönte Vampir-Schutzbrille erfunden hatte, konnte sich Fiona auch tagsüber ins Freie wagen. Schnell zog sie die Kerkertür wieder zu und schmierte sich mit der Creme ein. Dann holte sie die Brille aus ihrer Leichentuchtasche und streifte sie über den Kopf.

„Also, Fiona“, murmelte sie. „Jetzt wird's ernst. Sieh zu, dass du Igor findest!“

Falls es nicht schon zu spät war ...

Fiona ging auf Zehenspitzen die Treppe hinauf in den Haupttrakt des Schlosses, aber dort war niemand zu sehen. Anscheinend hatte sie das ganze Gebäude für sich allein. Jetzt brauchte sie nur noch ein paar Sachen zum Verkleiden, damit keiner sie als Vampir erkannte, falls doch irgendwelche Menschen auftauchten. Fiona hatte Glück. Einer der ersten Säle, in den sie kam, war die Waffenkammer von Schloss Camembert. Dort gab es nicht nur Speere, Schwerter und Bogen, sondern auch mehrere Rüstungen. Die meisten waren ihr natürlich zu klein. Doch nachdem sie alles durchwühlt hatte, fand sie schließlich einen Helm, den sie sich über den Kopf quetschen konnte. Sie nahm außerdem ein langes Kettenhemd, unter dem sie ihr Leichentuch versteckte. Es knallte und quietschte ein bisschen beim Gehen. Aber wenigstens würde jetzt niemand auf die Idee kommen, dass sie ein Vampir war, dachte Fiona zufrieden. Dann streifte sie vorsichtshalber noch ein Paar Eisenhandschuhe über ihre Klauen.

Jetzt, da sie verkleidet war, brauchte Fiona nicht mehr so vorsichtig zu sein. Außerdem war sie sowieso ganz allein im Schloss, wie sie bald feststellte. Flackernde Kerzen brannten in einigen Räumen, in der Küche briet ein Ochse vor sich hin und auf den Holztischen im grossen Saal standen halb gegessene Mahlzeiten herum. Doch nirgends war auch nur eine Menschenseele zu sehen.

„Seltsam", dachte Fiona. Erst als sie die Treppe hinauf in den Schlossturm rasselte, stieg ihr ein vertrauter Geruch in die Nase.

„Das ist Igor“, murmelte sie vor sich hin. „Den Geruch würde ich überall erkennen.“

Mit zwei, drei Schritten war Fiona oben und riss die Tür zum Turmzimmer auf. Doch der Raum war gähnend leer. Es roch hier zwar noch stärker nach Igor und auf dem Boden schimmerten grünliche Schuppenhäufchen, aber von Igor selbst war weit und breit nichts zu sehen.

„Igor!“, rief sie laut. „Ich bin's, Fiona. Wo steckst du denn?“

Es kam keine Antwort. Fiona stand enttäuscht da und lauschte, als sie plötzlich Stimmen von irgendwo außerhalb des Schlosses hörte. Vorsichtig spähte sie aus einem der winzigen Fenster und sah, dass unten beim Schlossteich eine große Menschenmenge versammelt war. Einer davon war eindeutig Igor. Fiona seufzte erleichtert auf. Aber ihre Freude hielt nicht lange an. Als sie genauer hinschaute, entdeckte sie, dass Igor in schweren Ketten steckte und dass ein ganzes Heer von Bogenschützen auf ihn zielte. Igor saß ziemlich in der Patsche, so viel war sicher.

„Keine Angst, Igor!“, rief Fiona, während sie energisch zur Tür marschierte. „Niemand tut dir was, solange ich da bin. Und wehe dem, der es versucht!“, fügte sie mit rot glühenden Augen hinzu, bevor sie die Treppen hinunterrasselte.

Igor starrte düster auf den Burggraben von Schloss Camembert hinunter. Das Wasser war schmutzig und schlammig braun. Dicker, öliger Schaum schwamm an der Oberfläche herum. Igor wusste nicht, was eine Wasserprobe war. Er wusste nur, dass sie irgendwie mit diesem Tümpel zu tun haben musste. Sonst würde er jetzt nicht hier am Rand stehen.

„Eine Schande ist das!“, ertönte eine Stimme. Igor fuhr erschrocken herum. Hinter ihm tauchte Gräfin Romadur auf.

„Was?“, stotterte er.

„Diese elende Wasserprobe!“, schnaubte die Gräfin.

„Und wieso tust du nichts dagegen?“, fragte Igor hoffnungsvoll. Er mochte die Gräfin, weil sie die Einzige war, die ihm nicht dau-

4 10546-4

ernd einzureden versuchte, dass er ein Dämon sei.

„Weil ich nicht kann“, seufzte die Gräfin. „So ist nun mal das Gesetz. Jeder, der wegen Hexerei angeklagt ist, muss die Wasserprobe über sich ergehen lassen.“

„Und was passiert dann mit mir?“, fragte Igor ängstlich.

„Ganz einfach – in ein paar Minuten wirft dich Mozzi in den Burggraben ...“

„Aber wozu?“ Igor verstand rein gar nichts.

„Wenn du dann trotz deiner Ketten oben schwimmst, ist das der Beweis, dass du tatsächlich ein Dämon bist. Wenn du untergehst, heißt das, dass du ein Mensch bist.“

Zum ersten Mal, seit er in Schloss Camembert gelandet war, huschte ein Lächeln über Igors hässliches Gesicht. Er konnte auch ohne Ketten keinen Meter weit schwimmen. Also war es höchst unwahrscheinlich, dass er oben bleiben würde. Im Gegenteil: Er würde untergehen wie ein Stein. Darauf konnte er jederzeit sein einziges Ohr verwetten.

Doch bevor er den Mund aufmachen und die Gräfin mit dieser guten Nachricht beruhigen konnte, drehte sie sich um und ging weg. Graf Norbert trat aus der Menge und grinste Igor hämisch an. Igor mochte ihn überhaupt nicht.

„Also, Dämon“, donnerte Mozzi. „Willst du noch etwas sagen?“

„Ich bin kein Dämon, sag ich dir. Und du wirst es gleich sehen.“

„Nur schade, dass ich dann keine Gelegenheit mehr haben werde, mich bei dir zu entschuldigen“, höhnte Graf Norbert. „Heda, ihr Hohlköpfe! Macht euch bereit den Dämon in den Graben zu werfen!“

Vier Männer traten widerwillig vor. Als Igor „Halt, stehenbleiben!“ brüllte, gehorchten sie nur zu gern.

„Ihr braucht mich nicht reinzuwerfen“, sagte er. „Ich habe nichts zu fürchten. Ich springe von selber rein!“

Igor watschelte unbeholfen zum Rand des Burggrabens und hielt die schwere Eisenkugel mit beiden Händen vor sich hoch. Das schmutzige Wasser sah zwar kein bisschen verlockender aus als vorher, doch es half jetzt alles nichts. Igor schaute über die Schulter zu Graf Norbert zurück.

„Und vergiss nicht mich rauszuziehen, wenn ich untergehe“, sagte er.

„Dich rausziehen?“, grölte Graf Norbert und der ganze Haufen brach in schallendes Gelächter aus. „So was Dämliches hab ich mein Lebtag noch nicht gehört!“

Erst in diesem Augenblick dämmerte Igor die schreckliche Wahrheit. Es gab keine Rettung für ihn. Wenn er oben schwamm, würde man ihn aus dem Tümpel herausziehen und auf dem Scheiterhaufen rösten. Wenn er unterging, würde man ihn einfach ertrinken lassen.

„O nein!“ Die Eisenkugel glitt ihm vor Schreck aus den Händen. Er schaute voller Entsetzen zu, wie sie in den Tümpel platschte. „Das ist nicht ..., verflucht noch m..., blubber, blubber ..., gluck ..., gluck ...“ Und schon sank Igor kopfüber in die schlammigen Tiefen, begleitet von ein paar neugierigen Fischen.

„Halt!“, brüllte Fiona mit Donnerstimme, aber es war bereits zu spät. Dicke Blasen stiegen an der Stelle auf, an der das Wasser über

Igor zusammenschlug. Fiona stürmte mitten durch die Menschenmenge beim Burggraben hindurch. Die Leute sprangen entsetzt beiseite, als sie die riesige Gestalt auf sich zukommen sahen. Nur einer wich nicht von der Stelle: Sir Walter Kalbskopf von Aspik. Er hatte vor nichts und niemandem Angst. Deshalb sprang er jetzt vor Fiona hin und zog sein Schwert.

„Halt, Knappe!“, brüllte er.

Fiona schwenkte zur Seite um an ihm vorbeizukommen, aber Sir Walter sprang ihr schon wieder in den Weg und stieß sein großes Schwert in die Luft.

„Halt, sage ich Euch!“, brüllte er wieder. „Halt ...“

Aber weiter kam er nicht. Fiona konnte nicht mehr ausweichen und stieß Sir Walter beiseite. Es war nur ein kleiner Schubs, doch ein kleiner Schubs von einem Vampir fühlt sich ungefähr so an, als ob man von einem wütenden Elefanten angegriffen würde. Und bevor Sir Walter wusste, wie ihm geschah, rannte er auch schon mit vollem Schwung rückwärts, das Schwert hoch über dem Kopf erhoben. Graf Norbert grinste schadenfroh, bis er merkte, dass Sir Walter geradewegs auf ihn zugerannt kam.

„Halt, du Idiot!“, brüllte er.

Sir Walter hätte ihm nur zu gern gehorcht, aber der Weg zum Burggraben war ziemlich abschüssig. So wurde er schneller und schneller, während sein Schwert drohend in der Luft herumschwankte. Wiehernd vor Angst packte Mozzi die Gräfin und versuchte sie herumzureißen, damit er sich hinter ihr verstecken konnte. Die Gräfin wehrte sich, indem sie ihm ihre spitzen Ellenbogen in die Rippen stieß, sodass ihm buchstäblich die Luft wegblieb.

Graf Norbert stolperte zur Seite und das war seine Rettung.

Im nächsten Augenblick sauste Sir Walter samt seinem Schwert an ihm vorbei und landete mit einem ohrenbetäubenden Platscher im Burggraben.

Gleich darauf folgte ein zweiter Platscher, als Fiona sich kopfüber in den Tümpel stürzte. Der schwere Helm und das Kettenhemd zogen sie schnurstracks auf den schlammigen

Boden hinunter. Als sie die Augen wieder aufmachte, stellte sie fest, dass sie rein gar nichts sehen konnte. Verzweifelt tastete sie herum, bis sie endlich Igors Hand zu fassen bekam. Die Hand winkte nur noch kraftlos, denn Igor war offenbar schon halb ertrunken und steckte zu allem Überfluss im Schlamm fest. Mit einem kräftigen Ruck riss Fiona ihn heraus. Dann strampelte sie mit Igor im Schlepptau an die Oberfläche hinauf. Erst als sie auftauchte, merkte Fiona, dass sie sich vertan hatte.

„Bei meiner Seele", gurgelte Sir Walter dankbar und spuckte eine Ladung Wasser aus, „das werde ich Euch nie ..."

„Knoblauch noch mal, das ist der Falsche!", brummte Fiona. Sie ließ Sir Walters Hand los und schaute zu, wie er hinuntersank. Dann holte sie tief Luft und tauchte wieder auf den Tümpelboden hinunter. Das Wasser war schlammiger denn je und Igor war nirgends zu finden. Fiona hatte die Hoffnung schon beinahe aufgegeben, als sie plötzlich etwas Großes, Rundes, Warziges zu fassen bekam, das nur Igors einziges Ohr sein konnte.

Sie packte es, so fest sie konnte, und strampelte wieder nach oben.

„Ich bin's, Fiona", keuchte sie, sobald sie an der Oberfläche auftauchten. „Bist du in Ordnung?"

Igor, der mehr tot als lebendig war, machte den Mund auf um zu antworten, doch es kamen nur ein Schwall schmutzigen Wassers und vier kleine Fische heraus.

„Jetzt sag schon, Igor!", drängte Fiona. „Sag mir, dass du in Ordnung bist."

Wieder kam ein Wasserschwall aus Igors Mund und dann noch ein kleiner Fisch. Erst als Fiona ihn aus dem Wasser herausgehievt hatte, fand er seine Stimme wieder.

„Mein Ohr!", kreischte er. „Du reißt mir ja mein Ohr ab!"

„Ach Igor", sagte Fiona und seufzte erleichtert, „du hast doch immer was zu meckern!"

Fiona setzte Igor am Ufer ab. Sie wollte gerade selber heraussteigen, als sie ein paar dünne Blasen vom Boden des Tümpels aufsteigen sah. Der Trottel da unten hatte zwar versucht sie mit seinem Schwert zu durchbohren, aber sie brachte es trotzdem nicht übers Herz ihn ertrinken zu lassen. Also tauchte sie noch einmal hinunter. Ein paar Sekunden später lag Sir Walter am Grabenrand. Das Wasser floss aus sämtlichen Ritzen und Fugen in seiner Rüstung heraus. Fiona kniete sich neben Igor hin.

„Was haben sie nur mit dir angestellt, alter Freund?", fragte sie zärtlich.

„Ach, Herrin", jammerte Igor los. „Es war einfach schrecklich ..."

„Erzähl's mir später, Igor", unterbrach ihn Fiona. „Jetzt müssen wir dich erst mal da rausbekommen."

Fiona zerbrach Igors Ketten, als ob es Spaghetti gewesen wären, und schleuderte sie ins Gras. Graf Norbert schaute ihr mit stummer Verwunderung zu. Es war höchste Zeit, dass er den Leuten klar machte, wer hier das Sagen hatte.

„Lasst den Dämon in Ruhe!", befahl er.

„Ich bin kein Dämon", wandte Igor ein. „Alle haben gesehen, dass ich untergegangen bin."

„Außerdem ist er mein Freund", fügte Fiona grimmig hinzu. „Und niemand legt ihn in Ketten, solange ich hier bin."

Fionas Stimme ließ Graf Norbert erschauern und seine eisernen Beinschienen schlugen scheppernd zusammen. Am liebsten hätte er Reißaus genommen, aber vor seinen versammelten Untertanen konnte er sich unmöglich eine solche Blöße geben.

„Er ist mein Gefangener", sagte er. „Und das hier ist mein Schloss. Was ich sage, gilt."

Trotzig streckte Mozzi die Brust heraus. Fiona musste sich das Lachen verkneifen, weil er wie eine aufgeblähte alte Kröte aussah.

„Nicht mit mir", sagte sie, während sie Igor von seiner letzten Kette befreite und auf die Füße zog. „Ich gehe jetzt und Igor auch."

„Nichts da! Ihr bleibt hier. Einen Schritt weiter und meine Bogenschützen durchlöchern euch."

„Trau dich nur, du fette Friedhofsamsel, dann wirst du schon sehen, was passiert!", fauchte Fiona. Sie funkelte Mozzi wütend an und ihre Augen glühten blutrot hinter den Helmschlitzen. Graf Norbert zog den Bauch ein und fühlte sich unbehaglicher denn je. Irgendwie hatte er keine Lust sich mit jemandem anzulegen, der schwere Eisenketten mit den bloßen Händen zerbrach. Aber er war nicht der Einzige, der Angst hatte. Igor zupfte Fiona aufgeregt am Ärmel.

„Herrin“, flüsterte er beschwörend. „Darf ich auch mal was sagen?“

„Natürlich, Igor.“

„Äh ..., es ist bloß wegen der Bogenschützen, Herrin. Ihre Pfeile sind verdammt scharf, weißt du. Wenn mich einer trifft, bin ich erledigt. Dann spritzt das Blut nur so aus mir raus ...“

„Lass mich nur machen, Igor“, sagte Fiona. „Bleib hinter mir, dann kann dir nichts passieren.“

Igor ließ sich das nicht zweimal sagen und huschte blitzschnell hinter Fiona, die sich gerade zu Graf Norbert umdrehte.

„Ich gehe jetzt“, sagte sie.

Je eher, desto besser, sagte sich Graf Norbert. Aber leider war das ganze Schloss um ihn herum versammelt und die Menge hörte mit angehaltenem Atem zu. Und was noch schlimmer war: Gräfin Romadur stand an seiner Seite.

„Na los, Mozzi!“, feuerte sie ihn an. „Handle einmal wie ein Fürst und Edelmann!“

„Wachen!“, quiekte Graf Norbert, obwohl ihm klar war, dass er wahrscheinlich einen großen Fehler machte. „Spannt eure Bogen!“

Vierundzwanzig Bogensehnen wurden zurückgezogen.

„Und jetzt, Fremder“, fuhr Mozzi fort und seine Stimme war noch piepsiger als vorher, „gib den Gefangenen heraus!“

„Niemals!“, donnerte Fiona.

„Schießen!“ quiekte Mozzi.

Vierundzwanzig spitze Pfeile schossen auf Fiona zu, aber keiner von ihnen erreichte sein Ziel. Den Leuten blieb der Mund offen stehen, als sie sahen, wie Fionas Arme in der Luft herumwirbelten und die Pfeile einen nach dem anderen abfingen.

„Schießen! Schießen!“, kreischte Mozzi. „Schießt so lange, bis der Fremde tot umfällt!“

Die Bogenschützen taten ihr Bestes, aber es nützte nichts. So schnell sie auch schossen, Fiona fegte die Pfeile beiseite wie lästige Fliegen. Als die Köcher leer waren, stand sie in einem riesigen Haufen von Pfeilen ohne dass sie auch nur einen Kratzer abbekommen hatte. Trotzdem gingen ihr die Menschen allmählich auf die Nerven, besonders der Fette, der wie eine boshafte alte Kröte aussah.

„Heiliges Leichentuch!“, sagte sie grimmig. „Wartet nur, jetzt bin ich an der Reihe.“ Dann bückte sie sich und hob einen Pfeil auf.

„O nein!“, stöhnte Mozzi.

Er drehte sich um und wollte Reißaus nehmen, als Fiona bereits drohend ihren Arm hochriss. Doch bevor er auch nur drei Schritte gemacht hatte, traf ihn der Pfeil mit voller Wucht in den Rücken. Zum Glück trug er seine Rüstung. So knallte er zwar der Länge nach in den Schlamm, aber sonst passierte ihm nichts weiter.

„Gut“, knurrte Fiona und bückte sich nach einem zweiten Pfeil. „Sonst noch jemand?“

Niemand meldete sich. Nicht einmal Sir Walter.

„Na also, das dachte ich mir“, sagte Fiona. „Wir gehen jetzt, Igor und ich.“

Schwungvoll riss sie sich den Helm vom Kopf. Die Leute um sie herum erstarrten zu

Stein, als sie ihr Gesicht sahen und in die blutrot glühenden Augen starrten.

„Na los“, sagte Fiona und entblößte ihre riesigen Fangzähne. „Haut endlich ab! Oder muss ich euch erst Beine machen?“

Plötzlich kam Bewegung in die Menge. Alle rannten davon, so schnell sie ihre Füße trugen. Gräfin Romadur stolperte laut schreiend und mit gerafften Röcken voraus, während Sir Walter die Nachhut bildete. Bei dem Bad im Schlosstümpel war seine Rüstung mit Schlick verklebt worden und man hörte ihn daher noch quietschen und knirschen, als er längst außer Sicht war.

Nur einer rannte nicht und das war Mozzi. Er hatte immer noch auf dem Boden gelegen, als die Panik ausgebrochen war. Die Leute hatten ihn buchstäblich in den Matsch getrampelt, sodass er keinen Finger mehr rühren konnte.

„Komm, Igor“, sagte Fiona, als die Leute alle verschwunden waren. „Jetzt gehen wir nach Hause.“

Hand in Hand gingen die beiden in das leere Schloss zurück.

Der doppelte Onkel

„Bist du sicher, dass das die richtige Stelle ist, Herrin?“, fragte Igor. Er hatte fast den ganzen Morgen vergeblich auf den TRIP gewartet. „Bestimmt ist was schief gegangen“, jammerte er. „Die dreißig Schnapper sind doch schon längst vorbei!“

„Ich weiß“, seufzte Fiona. „Vielleicht ist

Onkel Samuel eingeschlafen. Hab noch ein bisschen Geduld und bleib, wo du bist."

Fiona wollte es vor Igor nicht zugeben, aber sie glaubte allmählich auch, dass irgendeine Katastrophe passiert war. Onkel Samuel hatte versprochen, die Maschine alle dreißig Schnapper zurückzuschicken. Fiona konnte sich nicht vorstellen, dass er es einfach vergessen hatte. Nein, die einzige Erklärung war, dass die Maschine nicht mehr funktionierte. Und dann würden sie für immer in der Vergangenheit feststecken. Fionas ohnehin schon kaltes Blut erstarrte zu Eis bei diesen Gedanken.

„Meine Füße tun weh, Herrin", beschwerte sich Igor.

„Das hast du schon hundertmal gesagt."

„Und meine Beine, Herrin."

„Also gut. Dann löse ich dich jetzt ab."

Fiona und Igor waren jetzt schon einen ganzen Tag und eine ganze Nacht im Verlies und deshalb hungrig und müde. Das Stehen war am schlimmsten, obwohl sie sich regelmäßig abwechselten. Aber sie wagten es nicht sich hinzusetzen, solange sie an der markierten Stelle warteten. Der TRIP hatte nur eine sehr geringe Reichweite. Sie hatten keine Lust einen Arm oder ein Bein zurückzulassen, wenn die Maschine endlich auftauchte. *Falls* sie überhaupt auftauchte ...

„Sie kommt nicht, Herrin, oder?", fragte Igor.

„Sieht ganz so aus, Igor."

„Was kann da nur passiert sein, Herrin?"

„Der TRIP hat schon nicht mehr richtig funktioniert, als er dich hergebracht hat", sagte Fiona. „Aber jetzt ist er wahrscheinlich ganz zusammengebrochen. Genau das hat Onkel Samuel befürchtet."

„Und was meinst du, wie lange es dauert, bis der Meister die Maschine wieder repariert hat?"

„Ich weiß nicht. Aber das ist auch gar nicht so wichtig. Das Problem sind die Zeitschalter."

„Was für Zeitschalter, Herrin?", fragte Igor erschrocken. Er war plötzlich hellwach.

„Na ja ..., Onkel Samuel wollte dich ein Jahr zurück in die Vergangenheit schicken. Dann hättest du in der Blutburg sein müssen. Stattdessen bist du siebenhundert Jahre zurückgereist und in Schloss Camembert gelandet. Selbst wenn er es schafft, den TRIP zu reparieren ... Also, ich glaube nicht, dass er uns hier findet ..."

„Heißt das, dass wir für immer hier festsitzen?", fragte Igor, der den Tränen nahe war.

„Wahrscheinlich ja", sagte Fiona. „Aber du musst es von der dunklen Seite sehen. Es könnte alles noch viel schlimmer sein. Ich meine, wenigstens sind wir zusammen, oder?"

„Ja, Herrin, aber ich finde es schrecklich hier. Die Leute wollen mich ständig braten oder ins Wasser werfen."

„Nicht, solange ich hier bin, Igor. Außerdem leben wir bei Onkel Samuel. Also ist es auch nicht viel anders als früher."

Ach du lieber Leichenschmaus, dachte Igor erschrocken. Die Herrin hat den Verstand verloren. Onkel Samuel war siebenhundert Jahre weit weg in der Zukunft, das wusste sogar Igor.

„Der Meister ist nicht da, Herrin", sagte er sanft.

„Doch, natürlich ist er da."

Arme Herrin, dachte Igor verzweifelt. Das

ist bestimmt der Schock ... Laut sagte er: „Er ist nicht da, Herrin. Der Meister ist in der Zukunft.“

„Ja, aber er ist auch hier.“ Fiona musste trotz allem lachen, als sie Igors verdutztes Gesicht sah. „Onkel Samuel ist über dreitausend Jahre alt und wir sind nur siebenhundert Jahre zurückgereist. Also, wie alt ist er dann?“

„Ziemlich alt, Herrin“, sagte Igor, nachdem er fünf Minuten lang angestrengt nachgedacht hatte.

„Genau. Er ist jetzt ein bisschen jünger, als wir ihn kennen, und er hat noch alle seine Zähne. Aber trotzdem ist es Onkel Samuel. Wir müssen nur irgendwie zur Blutburg kommen und ihm erklären, was passiert ist. Er freut sich bestimmt, wenn wir ihn besuchen.“

„O ja, Herrin!“, rief Igor begeistert und sprang auf die Füße. „Worauf warten wir noch? Auf zur Blutburg!“

Onkel Samuel war nicht nur siebenhundert Jahre weit weg, er fühlte sich zu allem Überfluss auch noch menschenelend. Es war keine normale Vampirkrankheit, so wie die Sargflechte oder der blaublütige Schlagfluss. Nein, Onkel Samuel hatte sich vergiftet und zwar mit seinen eigenen Kochkünsten. Jetzt, da Igor weg war, musste er sich wohl oder übel selbst etwas zu essen machen. Das war seit vielen hundert Jahren nicht mehr vorgekommen. Kein Wunder, dass seine Molchsaugen-Pastetchen so widerlich schmeckten, vom Aussehen ganz zu schweigen. Nicht einmal ein ordentliches Maden-Sandwich brachte er zustande. Die Maden krochen einfach fort und versteckten sich, wenn Onkel Samuel nicht hinschaute.

„So was hat's bei Igor nicht gegeben", dachte Onkel Samuel finster. „Er war ein guter Diener. Und Fiona, meine liebe, kleine Fiona – sie war die beste Nichte der Welt", fügte er schniefend hinzu.

Aber was konnte er schon tun? An einem neuen TRIP arbeiten, mehr nicht. Immerhin hatte Onkel Samuel bereits das Chaos auf dem Boden untersucht und alle Teile aussortiert, die noch einigermaßen brauchbar waren. Viel war es nicht, aber er hatte seine Zeit trotzdem nicht verschwendet. Denn bevor der Kellerboden nicht frei war, konnte er nicht mit der Arbeit anfangen.

Für jemanden, der so alt war wie Onkel Samuel, war das alles ziemlich anstrengend. Nach einer Weile musste er sich deshalb hinsetzen und ausruhen. Erst da bemerkte er das Blatt, das vor ihm auf dem Boden lag. Er hob es auf und stellte fest, dass es kein Papier, sondern Pergament war. Und dann entdeckte er die Botschaft darauf: „Onkel Samuel“, lautete sie, „ist das der richtige Ort und die richtige Zeit? Fiona.“

„Das kann nicht wahr sein“, sagte Onkel Samuel und schüttelte fassungslos den Kopf. „Das gibt's doch nicht.“

Sorgfältig legte er das Pergament wieder an die Stelle zurück, wo er es gefunden hatte, drehte sich um und ging zum anderen Ende des Kellers.

„Es ist kein Traum. Es ist Wirklichkeit ...“

Weiter kam Onkel Samuel nicht, denn auf einmal war das Pergament verschwunden. Dann rieb er sich ein zweites Mal die Augen, denn plötzlich war das Pergament wieder da.

Es sah vollkommen wirklich aus und fühlte

sich auch so an, als Onkel Samuel es aufhob. Auch die Botschaft darauf war dieselbe. Ein schwacher Hoffnungsschimmer regte sich in Onkel Samuels Brust. Es war eindeutig Fionas Handschrift. Wenn die Botschaft tatsächlich von ihr kam, verdiente sie eine Antwort. Hastig zog Onkel Samuel einen Stift aus der Tasche, kritzelte „Ja!“ darunter und legte das Pergament auf den Boden zurück.

Ein paar Sekunden später war es wieder verschwunden.

„Mal sehen, was jetzt passiert“, brummte Onkel Samuel.

Die Antwort war: Nichts. Abgesehen von ein paar Staubflöckchen blieb der Boden leer.

„Das sind die Molchsaugen-Pastetchen“, sagte Onkel Samuel traurig. „Sie haben mir nicht nur den Magen verdorben, sondern auch das Hirn verdreht.“

Schweren Herzens wandte er sich ab und suchte wieder in den Trümmern seiner Zeitmaschine herum.

„Hallo, Meister“, sagte plötzlich eine Stimme hinter ihm.

Onkel Samuel fuhr herum und der Mund

blieb ihm offen stehen. Am anderen Ende des Kellers stand Igor – genau an der Stelle, an der das Pergament verschwunden war.

„Freust du dich nicht, dass ich wieder da bin, Meister?“, fragte Igor und grinste über sein ganzes grünes Gesicht, sodass er noch hässlicher aussah als sonst.

„Nein“, fauchte Onkel Samuel. „Du führst mich nicht an der Nase herum. Also hau ab und lass mich in Ruhe. Ich weiß genau, dass du nur eine Halluzination bist.“

„Bin ich nicht“, sagte Igor, der keine Ahnung hatte, was eine Halluzination sein sollte. Er wusste nur, dass er keine war, genauso wenig wie ein Dämon. „Ich bin Igor.“

„Das kann jeder sagen.“ Onkel Samuel glaubte ihm immer noch nicht. „Du bist gar nicht wirklich da. Wetten, dass meine Hand durch dich durchgeht?“

Onkel Samuel ließ seine Hand vorschnellen. Aber seltsamerweise ging sie nicht durch Igors Kopf hindurch, sondern prallte an seiner Nasenspitze ab.

„Aua!“, brüllte Igor.

„Heiliger Fangzahn!“, sagte Onkel Samuel.

„Du fühlst dich aber verdammt wirklich an."

Sicherheitshalber packte er Igors Nase und zerrte ein bisschen daran.

„Auuuaaa!", brüllte Igor noch viel lauter.

„Bei Dracula, du bist es!", japste Onkel Samuel. „Du bist wirklich Igor!"

„Stimmt", sagte eine vertraute Stimme hinter ihm. „Und ich bin wirklich Fiona."

Als Onkel Samuel sich umdrehte, stand auch seine Nichte da. Das war zu viel für ihn. Seine Knie fühlten sich wie Wackelpudding an. Er musste sich an einem der Stützpfeiler festhalten.

„Ich kann es nicht glauben", sagte er schwach. „Das ist doch nicht möglich."

„Doch, Onkel Samuel", lachte Fiona. „Wir sind beide wieder da. Du kannst an Igors Nase ziehen, solange du willst. Sie geht schon nicht ab."

„O nein, das kannst du nicht, Meister!", protestierte Igor und sprang schnell aus dem Weg. „Das tut nämlich weh."

„Aber ich verstehe das nicht", sagte Onkel Samuel verwirrt. „Wie in Dreivampirs Namen habt ihr es geschafft zurückzukommen?"

„Du hast uns geschickt, Onkel Samuel", sagte Fiona.

„Ich?"

Onkel Samuel begriff jetzt gar nichts mehr, aber es dauerte nicht lange, bis Fiona ihm die Sache erklärt hatte. Der junge Onkel Samuel hatte sie mit offenen Armen aufgenommen. Er war kein bisschen überrascht gewesen, dass sie mit der Zeitmaschine gekommen waren. Er hatte schon damals eine gebaut und Fiona und Igor kamen genau rechtzeitig, um sie zu testen.

„Moment mal", sagte Onkel Samuel. „Wollt ihr mir etwa erzählen, dass ich den TRIP schon vor siebenhundert Jahren erfunden habe?"

„Nein, Meister – den ZIT."

„Den ZIT? Ach ja, ich erinnere mich ..., der *Z*eit-*I*nversions-*T*ransmitter." Der ZIT war Onkel Samuels erstes Experiment mit einer Zeitmaschine gewesen, nur hatte er damals die Zukunft erforschen wollen. „Aber soviel ich weiß, hat das Ding nicht funktioniert."

„Muss es aber, Onkel Samuel", wandte Fiona ein. „Sonst wären wir jetzt nicht hier. Ich hab eine Botschaft geschrieben. Wir haben sie so lange in die Zukunft geschickt, bis du geantwortet hast. Und dann hast du – äh ..., ich meine, dein jüngeres Ich – Igor und mich auf demselben Weg zurückgeschickt."

„Und warum kann ich mich nicht daran erinnern?"

„Aber Onkel Samuel, du weißt doch, dass dein Gedächtnis nicht mehr das beste ist ..." Fiona beugte sich vor und knabberte zärtlich an Onkel Samuels Hals. „Außerdem ist es doch egal. Hauptsache, wir sind wieder zusammen."

„Da hast du Recht, meine Liebe", seufzte Onkel Samuel. „Dracula sei Dank, dass euch nichts passiert ist."

„Uns geht's prima, Onkel."

„Außer, dass wir schon halb tot vor Hunger sind", warf Igor schnell ein.

„Äh ..., also, es sind noch ein paar verbrannte Molchsaugen-Pastetchen da und ein paar Maden-Sandwiches ohne Maden ...", meinte Onkel Samuel kleinlaut.

„Klingt gut, Meister." Igor marschierte bereits auf die Tür zu. Fiona und Onkel Samuel folgten ihm.

Onkel Samuel war immer noch ziemlich verwirrt. Zugegeben, sein Gedächtnis war nicht mehr das beste. Aber wie, in Draculas Namen, sollte er je vergessen haben, dass er eine Zeitmaschine erfunden hatte, die funktionierte? Und wieso erinnerte er sich nicht daran, dass Fiona und Igor aus der Zukunft zu ihm gekommen waren? „Es macht einfach keinen Sinn …", murmelte er.

„Es macht einfach keinen Sinn", stöhnte Onkel Samuel siebenhundert Jahre früher und rieb sich verwirrt den Kopf. Er wusste nur eins: Die Beule an seinem Kopf hatte er sich geholt, als er mit voller Wucht gegen die Wand geschleudert worden war. Offenbar war der ZIT explodiert, als er ihn testen wollte, denn der Kellerboden war ringsum mit Trümmern übersät. So weit, so gut – oder vielmehr schlecht. Aber was hatte die Botschaft auf dem Pergament zu bedeuten?

„Ich kenne keine Fiona", brummte er. „Und ich habe keine Neffen und Nichten, Frankenstein sei Dank."

Aber trotzdem – es war eindeutig seine eigene Handschrift. Zum hundertsten Mal versuchte sich Onkel Samuel zu erinnern, was vor der Explosion passiert war. Irgendwie war ihm so, als ob ihn jemand besucht hätte, aber wer? Und warum? Und was hatte er getestet, als die Maschine kaputtgegangen war?

„Egal“, brummte er vor sich hin, zerknüllte die geheimnisvolle Botschaft und warf sie zu den ZIT-Trümmern auf den Boden.

Irgendwann, viele Jahre später, würde er es noch einmal versuchen. Aber vorläufig hatte er Wichtigeres zu tun. Es gab noch so viele andere Dinge zu erfinden – die Zeitmaschine würde eben warten müssen ...

CHAOS-KATIE

SERIE VON

MARY HOOPER

Chaos-Katie und die verknallte Schwester (Band 1)

Chaos-Katie und die bescheuerte Hochzeitstorte (Band 2)

Chaos-Katie und das stressige Baby (Band 3)